MAURICE

JULES THIÉBAULT

# L'AMI DISPARU

## CONTRIBUTION THÉORIQUE

### ET PRATIQUE

### A LA PREUVE DE L'IDENTITÉ DES ESPRITS

*La mort n'est pas la fin de l'être ;*
*c'est une crise de croissance.*

NANCY

IMPRIMERIE BERGER-LEVRAULT

—

1917

# L'AMI DISPARU

*Il a été tiré de cet ouvrage dix exemplaires — hors commerce — sur papier du Japon, numérotés de 1 à 10.*

JULES THIEBAULT

# L'AMI DISPARU

CONTRIBUTION THÉORIQUE

ET PRATIQUE

A LA PREUVE DE L'IDENTITÉ DES ESPRITS

*La mort n'est pas la fin de l'être ;*
*c'est une crise de croissance.*

NANCY

IMPRIMERIE BERGER-LEVRAULT

1917

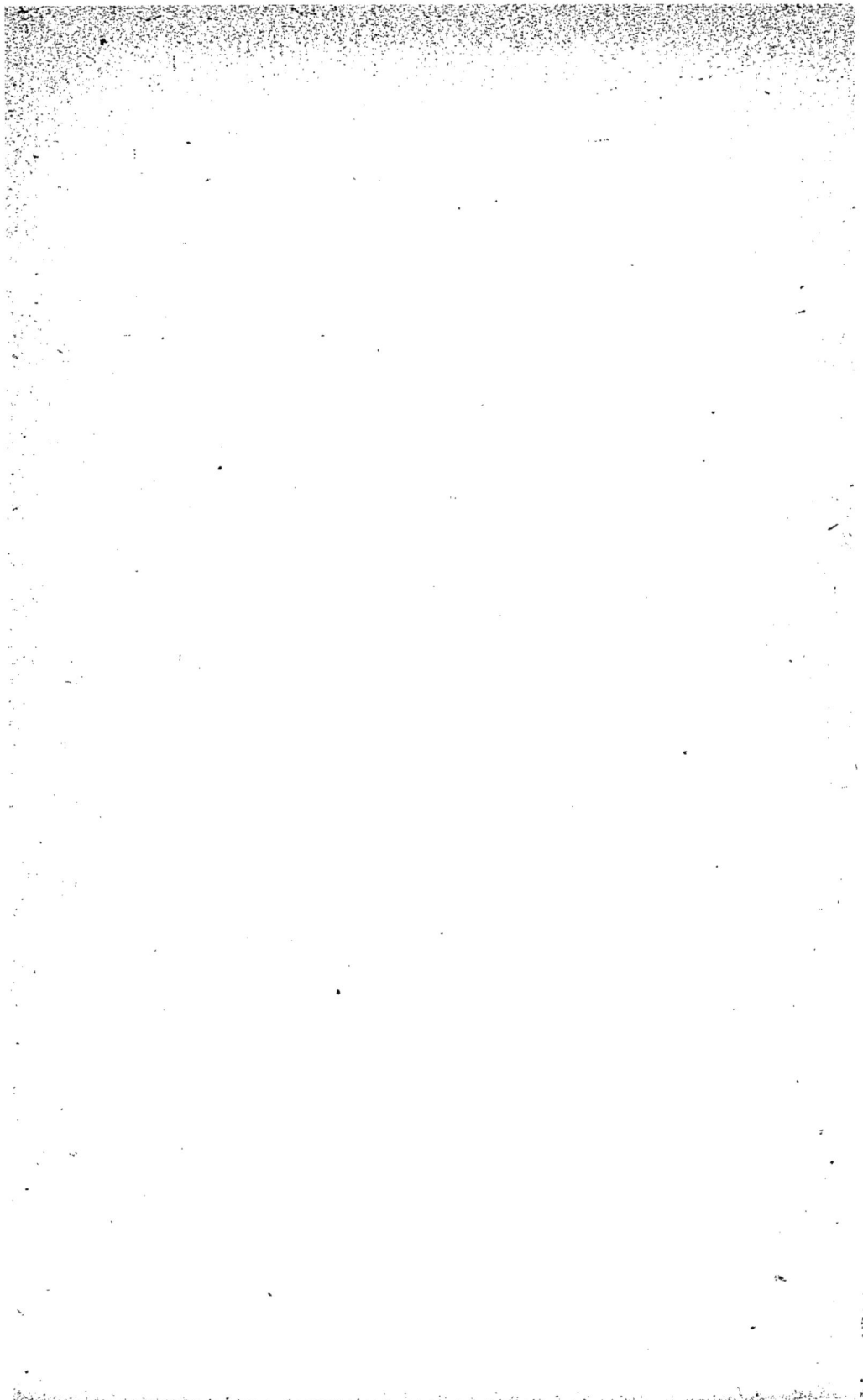

POUR LA PLUS GRANDE GLOIRE

DES AMES DE CES POILUS

DE TOUTE NAISSANCE

QUI CROYANTS ET INCROYANTS

MATÉRIALISTES ET SPIRITUALISTES

ONT INTÉGRALEMENT

MAINTENU

JUSQU'AU SUPRÊME SACRIFICE

LES DESTINÉES DE L'HUMANITÉ

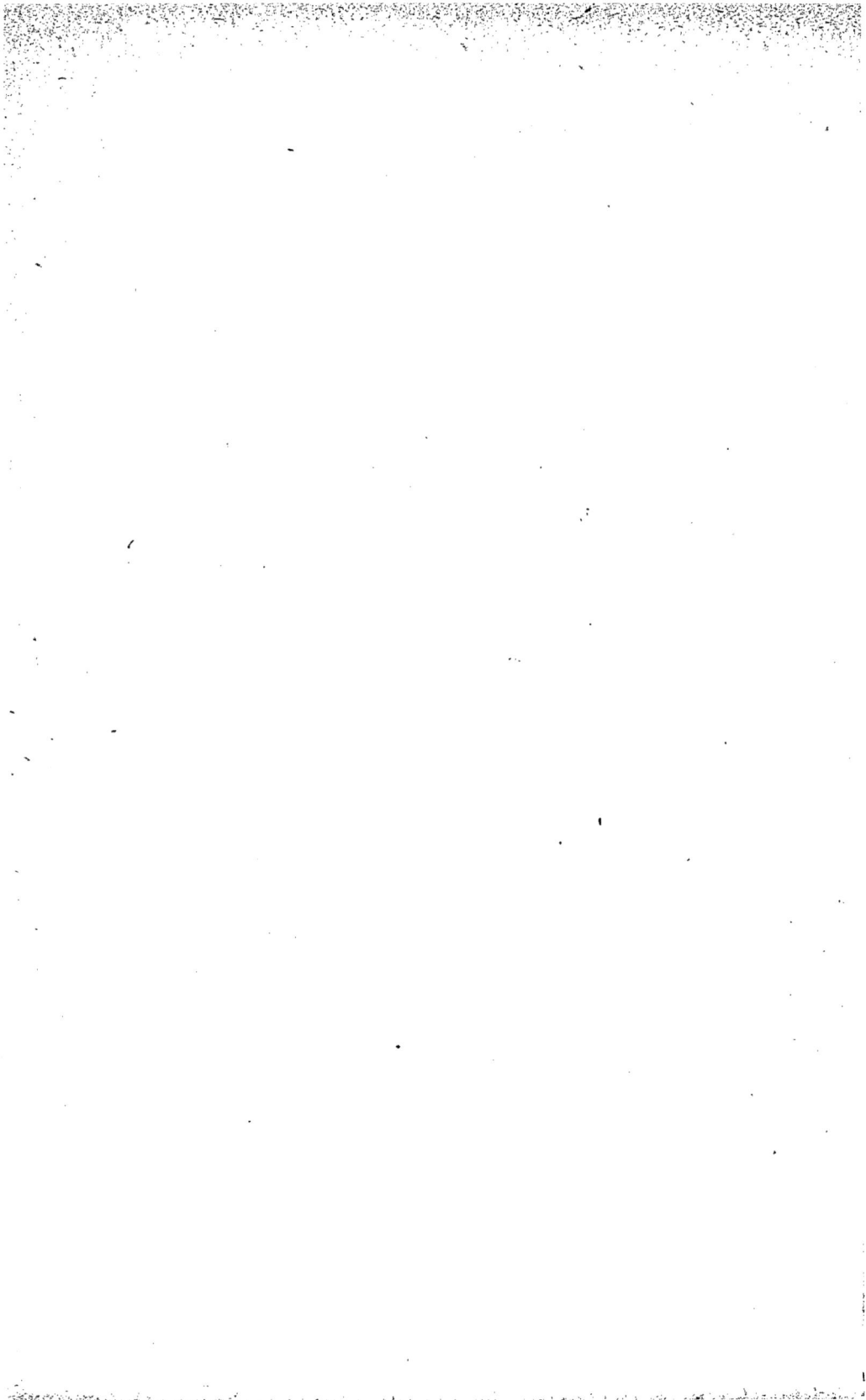

# TABLE DES MATIÈRES

# TABLE DES MATIÈRES

## CHAPITRE III

## CHAPITRE IV

## CHAPITRE V

## CHAPITRE VI

VIII

# TABLE DES MATIÈRES

## DEUXIÈME PARTIE

## PRATIQUE

# CLASSEMENT

## PAR ORDRE NUMÉRIQUE DES PHÉNOMÈNES RAPPORTÉS

---

### Animisme ou Psychisme.

### Spiritisme.

# CLASSEMENT

————

# AVERTISSEMENT

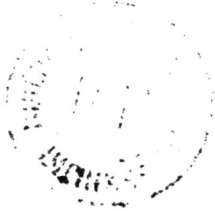

———

> La vérité est un bien commun. Qui-
> conque la connaît la doit à ses frères.
>
> **Bossuet.**

Ce travail, sans aucune prétention littéraire, présente en un raccourci aussi clair
que possible, avec la relation de phénomènes bizarres, les hypothèses scientifiques qu'ils ont suscitées, et les moyens
employés pour les reproduire.

Il ne s'adresse ni aux incrédules indo-
lents, dont la raison se contente de négations systématiques, ni aux mandarins de
toutes robes, dédaigneux du problème de
la destinée de l'homme, ni à la foule
laborieuse de ces simples croyants que la
foi du charbonnier cuirasse contre vents
et marée.

Une pensée plus modeste l'a fait naître.

Éveiller la curiosité des indifférents sans foi ni Dieu, que la fatale imminence d'un grand voyage en pays inconnu n'a pas encore agitée ; créer un guide sûr pour cette épreuve de tourisme extra-terrestre, à laquelle nul ne peut se soustraire ; prouver l'erreur de cet adage populaire, DE L'AUTRE MONDE PERSONNE N'EST JAMAIS REVENU en montrant par la matérialité des faits que sur notre monde, en Europe, en Amérique, les disparus reviennent tous les jours ; faciliter enfin la communion des vivants et des morts : telle est sa raison d'être.

Pour atteindre ce but, j'en appelle, d'une part, aux expériences les plus concluantes de savants observateurs de tous pays : astronomes, chimistes, magistrats, médecins, philosophes, physiciens, prêtres ; d'autre part, à quelques phénomènes nouveaux et aussi déterminants, où je suis intervenu, soit comme opérateur, soit comme témoin.

Qu'il existe de faux spirites, des médiums fraudeurs plus avides de lucre que de vérité, le fait ne se discute pas. Quel qu'en soit le nombre d'ailleurs, les artifices de ces disciples de Robert Houdin n'arrêteront pas plus la diffusion du spiritisme que le fétichisme et le charlatanisme n'ont entravé la marche des religions et de la médecine.

J'en appelle surtout au témoignage que mes lecteurs tireront de leurs propres facultés.

S'ils sont rares les sujets possédant une puissance d'effluves assez développée pour converser dès le premier essai avec les intelligences invisibles qui nous entourent, je n'ai rencontré parmi les trente personnes que j'ai éprouvées, ni homme ni femme absolument inapte.

Toutes ont fait parler la table, la planchette, le petit panier. Si courtes qu'aient été ces communications, elles donnaient l'image de deux personnes installées aux deux extrémités d'un fil téléphonique, échangeant leurs idées, parlant le même langage, ne se distinguant entre elles que par la visibilité de l'une et l'invisibilité de l'autre.

Quelle est donc cette intelligence, cette volonté qui vit, parle, agit comme nous? Si vous l'interrogez, elle répond : l'intelligence, la volonté d'un de ceux qui vous a précédé dans la tombe, l'esprit d'un aîné disparu.

Quelle créance faut-il accorder aux mystérieuses assertions de ces êtres invisibles et nomades? Sont-ils bien les personnalités qu'ils annoncent, et le troublant problème de l'immortalité de l'âme ne tient-il sa solution lumineuse qu'à leur présence parmi nous?

Telles sont les graves questions qui font

l'objet d'une œuvre à laquelle j'ai consacré huit années d'études et près de deux ans d'expériences. Puissent ces efforts, s'ajoutant à tous ceux de mes devanciers, ranimer dans l'âme de mes frères humains le sens du « divin » étouffé de nos jours sous l'apport séculaire de toutes les contingences religieuses! Puisse l'usage familier des procédés de communication avec les morts consoler ceux qui pleurent, encourager ceux qui peinent et pénétrer les timorés de la vérité de cette maxime :

**La Mort n'est pas la fin de l'être; c'est une crise de croissance.**

———

Portrait de Tara, reine d'Égypte, dessiné d'un seul jet et d'un mouvement spasmodique, en présence du D<sup>r</sup> Haas, de Nancy, par un médium n'ayant jamais reçu de leçon de dessin. Il est question dans l'histoire de l'égyptologue Maspero d'une femme de Ramsès III du nom de Tia.

(Extrait du *Bulletin de la Société psychique de Nancy*.)

# PREMIÈRE PARTIE

# ÉTUDE

# CHAPITRE I

## NATURE, OBJET, ORIGINE

## DU SPIRITISME

———

> Il n'est pas plus difficile de naître deux
> fois qu'une.
>
> VOLTAIRE.

Le spiritisme, dont l'histoire est vieille comme le monde, est devenu, depuis moins d'un siècle, une science née, de même que la physique, la chimie, l'entomologie, de l'observation de certains faits mystérieux.

**1.** — Son but est de prouver la survie de l'homme et la possibilité de communiquer avec les morts.

Ses premières manifestations apparaissent

———

NOTA. — Les chiffres en gras servent aux références de paragraphes connexes.

aux parois des tombeaux préhistoriques, sur les tablettes assyriennes du vingt-deuxième siècle avant Jésus-Christ, au fond des sanctuaires égyptiens. L'homme appelle alors son frère disparu : il le consulte, il s'inspire de ses avis, parce qu'il le sent plus près de ses dieux. En grandissant, la nécromancie prend la forme religieuse avec son culte, ses prêtres, ses rites. Dans toutes les races se révèlent la nervosité et la sensibilité de la femme. Les temples orientaux et les collèges de druidesses s'emplissent de voyantes et d'inspirées.

D'après les récits de la Bible, l'ombre de Samuel, fondateur des communautés prophétiques, annonça à Saül que la bataille du lendemain lui serait fatale; il advint même que l'évocation des morts prit chez les Juifs une telle extension que Moïse, soucieux de son autorité religieuse, l'interdit sous peine de mort.

Plus près de nous, les livres sibyllins prédisent la chute de l'Empire romain sept cents ans avant l'invasion des barbares. Les tables commencent à tourner.

4

**2.** — Voici, d'après l'historien latin Marcellin Mammien, une des premières manifestations du guéridon.

Trois officiers l'ayant interrogée sur le successeur éventuel de l'empereur Valens, la table répondit : *Ce sera un homme instruit, sage, dont le nom commence par les lettres t, h, e, o, d ; mais vous ne le verrez pas, votre curiosité vous coûtera la vie.*

Cette consultation fut rapportée à Valens, qui fit trancher la tête aux trois officiers. Puis tous les personnages de l'Empire assez populaires pour rêver la pourpre et dont le nom commençait par les lettres funestes, comme *Théodore, Théodose, Théodule,* subirent le même sort. Il n'y eut d'oublié dans cette barbare proscription qu'un officier subalterne vivant dans la retraite en Espagne : ce fut l'empereur Théodose Iᵉʳ, dit le Grand.

Cependant les systèmes, pas plus que les dogmes religieux, n'arrêtent le spiritisme en marche. Socrate, ce sage de la Grèce, nous parle de son inspirateur invisible avec la même foi que, plus tard, Jeanne d'Arc rendra témoignage à ses voix. « *Non, mes voix ne m'ont pas trompée* », tel fut le dernier cri de la vierge lorraine sur le bûcher de Rouen.

3. — Avant les inspirations de Descartes et les extases de Pascal, un palefrenier obscur, sans instruction, du nom de Mahomet, avait écrit cette œuvre politico-religieuse magistrale, fondement de la civilisation musulmane, le Coran. De quelle bouche l'a-t-il recueillie? Si vous l'en croyez, c'est l'œuvre de l'archange Gabriel.

Enfin la science officielle a-t-elle jamais expliqué les manifestations stupéfiantes du cimetière de Saint-Médard, dont le récit circonstancié valut à Carré de Montgeron, conseiller au Parlement, son auteur, la disgrâce et l'exil?

Ce n'est pas sans motif que je passe sous silence la période ténébreuse de la sorcellerie au Moyen Age. Qu'y a-t-il, en effet, de commun entre les dévots du sabbat, exploiteurs de l'ignorance, et les adeptes d'une **science naissante qui ne demande qu'à la raison son droit de cité?**

6

En abordant l'étude du spiritisme moderne, il me serait facile de démontrer l'universalité de la croyance aux esprits; de prouver que Chine et Japon, peuplades du Congo, Polynésiens, Fans, Iroquois et Esquimaux sont unis dans le même culte millénaire de l'Ancêtre; qu'enfin les récentes expériences de M. le colonel de Rochas ont mis en relief la possibilité scientifique du dédoublement de l'homme, que l'on rencontre au seuil des religions primitives des quatre coins du monde.

Mais ce sujet relève plutôt de l'histoire des religions.

Il me tarde de noter le passage récent du spiritisme du domaine religieux sur le terrain scientifique. Au lecteur sceptique qu'une telle préoccupation fait sourire, je poserai cette simple question : l'italien Galvani entrevoyait-il au delà de la contraction des pattes de grenouille l'énorme réservoir de force que la découverte de l'électricité allait ouvrir?

4. — En 1846, l'une des filles du pasteur américain Fox, entendant des coups frappés

sur le mur de sa chambre, interpelle l'auteur inconnu de ce bruit en disant à haute voix : « *Si vous êtes un esprit intelligent, frappez trois coups* », et les trois coups se firent entendre.

**5.** — Moins de cinquante ans après, des sommités de la science sont réunies en Algérie, villa Carmen, autour d'Eusapia Paladino. Endormi dans un fauteuil, ce médium occupe un angle du salon séparé par un rideau de serge du reste de la pièce. Tous ses gestes sont surveillés. On a pris le soin de scruter auparavant les moindres coins, de s'assurer de la fermeture hermétique des portes et des fenêtres communiquant soit avec l'extérieur, soit avec l'intérieur de la maison. Au bout de quelques minutes, un nuage blanc semble sortir du plancher, s'élève et se développe ; bientôt un fantôme apparaît avec tous les attributs de la vie. Conte de grand'mère, pensez-vous ! Lisez plutôt la description qu'en a faite un des témoins, M. le Dr Ch. Richet, membre de l'Institut :

« J'ai entendu le bruit de ses pas, sa respiration, « sa voix ; j'ai touché sa main à différentes reprises,

8

« senti les os du carpe et du métacarpe qui pliaient
« sous la pression de ma poignée de main. Cette
« main était articulée, chaude. En soufflant dans un
« flacon d'eau de baryte limpide que j'avais pris
« le soin de préparer moi-même, il produit le glou-
« glou significatif du passage de l'air ; il souffle avec
« force ; le barbotage dure environ une demi-mi-
« nute ; alors, il me passe le tube à baryte : je cons-
« tate que le liquide est devenu tout blanc. »

Ce témoignage, que personne ne songe à
récuser, ne marque-t-il pas l'irrésistible essor
de ces faits mystérieux éclos un jour de
l'année 1846 sur les murs de la maison du
pasteur Fox, et s'épanouissant quelques
années plus tard dans le salon de la villa
Carmen ?

6. — C'est qu'entre temps les hommes
les plus avertis multipliaient les observations.
MM. Flammarion, Richet, Chazarin et combien d'autres en France ; William Crookes,
président de la Société royale de Londres,
Robert Wallace, Lodge, recteur de l'Université de Buckingham, en Angleterre ; Lombroso, en Italie ; le conseiller impérial russe
Aksakoff ; les professeurs Hyslop et Hodgson
répandaient à travers les deux continents

américain et européen les troublants récits de leurs minutieuses investigations.

7. — Ils nous montrent leurs collaborateurs endormis, les médiums Home, Eington, les dames Piper, Paladino, Balbin : s'élever au-dessus du sol avec le siège sur lequel ils sont assis; projeter au pied des assistants dans une chambre close des fleurs fraîches couvertes de rosée; dissocier le métal d'un bracelet passé à leur bras et le reformer à terre après sa chute; faire apparaître le fantôme d'une religieuse, sœur d'un des témoins du prodige, ce fantôme laissant dans la paraffine, pour preuve de son passage, le moulage de sa main.

Est-ce à dire pour cela que tous les phénomènes étranges qui ne relèvent d'aucune science connue appartiennent au spiritisme? assurément non.

La magie, la sorcellerie, le fétichisme ont leurs manifestations occultes qui ne se rattachent en aucun point de contact à l'impressionnante intervention des morts. Le soulèvement d'une table ne constitue pas par lui-même un fait spirite. Mais si cette table obéit à un ordre, marche ou s'arrête au commandement, interrompt son action pour ne la reprendre qu'à son heure, ces gestes accusent toute la caractéristique du fait spirite.

**8.** — Un soir de 1911, on prenait le thé chez mon ami M..., en présence d'une famille nouvellement amenée au spiritisme. Dans cette réunion, le souvenir d'un plaisant jeune homme, connu sous le nom familier de **Pompon**, mort quelques années auparavant, était encore très vif. On pria **Pompon** de faire circuler les gâteaux : il s'exécuta avec grâce. Toutefois, l'assiette passait si rapidement devant Robert, fils de la maison, qu'il n'avait pas le temps de se servir. Protestations de toute la table. « Comment, **Pompon**, tu oublies Robert, un si bon garçon ! » L'assiette se rapprocha de l'oublié pour s'éloigner aussitôt, puis, après quelques répétitions de ce jeu plaisant qui provoquait la gaîté de l'assistance, vint généreusement se placer à portée de la main de Robert. Ces allures capricieuses de l'assiette méritent d'être étudiées au même titre que le fantôme de la villa Carmen.

Voici d'autre part un fait aussi curieux, mais d'ordre tout différent.

**9.** — Le 21 septembre 1774, sa messe dite, Alphonse de Liguori s'étend dans son fauteuil, où il reste inanimé jusqu'au surlendemain. Sa nombreuse domesticité (car la famille tenait un des rangs les plus élevés de la noblesse italienne), le croyant en extase, se garda de le troubler. A des lieues de là, le même jour, à la même heure et pendant le même temps, la cour pontificale tout entière se trouve réunie au chevet de Clément XIV, moribond. Elle y voit Alphonse de Liguori assister le Pape de ses exhortations et de ses prières et ne se retirer qu'après avoir reçu son dernier souffle.

Ce dédoublement d'une personne vivante n'offre plus, depuis les mémorables expériences d'extériorisation du colonel de Rochas, le côté mystérieux des fantaisies de Pompon. C'est une manifestation d'énergie de la volonté, un fait animique ou psychique qui ne rentre pas dans le cadre de ce manuel réservé aux seuls faits spirituels bien caractérisés.

Pour plus de clarté j'ai divisé ceux-ci en deux groupes : phénomènes de transe sous le chapitre II; phénomènes de veille, sous le chapitre IV. Entre ces deux chapitres alternent d'une part les hypothèses explicatives de la science, d'autre part la théorie spirite.

**10.** — Or : cette théorie se résume en ces trois données que je me propose d'établir sur des bases scientifiques expérimentales :

A. — **Nous sommes entourés d'êtres invisibles, intelligents, volontaires, avec qui nous pouvons communiquer.**

B. — **Ces êtres, quand ils se révèlent, ont la forme et le langage d'êtres humains.**

C. — **Nous retrouvons parfois parmi eux nos parents, nos enfants, nos amis.**

En l'état actuel, le spiritisme, né de faits contrôlés, ne contient rien de plus.

———

# CHAPITRE II

## PHÉNOMÈNES DE TRANSE

———

Je ne dis pas que cela est possible; je
dis que cela est.

Sir WILLIAM CROOKES,
*Président de la Société royale de Londres.*

**11.** — La transe est chez les sensitifs
un état d'exaspération du sommeil somnambulique provoqué, soit par la fixation d'un
point brillant, soit par la puissance de la
volonté. Cette volonté peut être celle du
sujet s'hypnotisant lui-même, aussi bien que
celle d'une autre personne d'une énergie
mentale supérieure.

Quelle qu'en soit l'origine, la transe surex-
cite puissamment les facultés natives d'émission de fluides chez les médiums; mais,

14

agissant d'une façon brutale sur les centres nerveux de l'encéphale, ce procédé d'évocation présente de grands dangers.

Eington, médium d'Aksakoff, faillit, en matérialisant un vieillard, succomber à des convulsions avec crachements de sang. Ce qui n'a rien de surprenant, si l'on songe que Home, médium de Sir W. Crookes, perdait au moment de la formation d'un fantôme 63 livres de son poids, qu'il récupérait presque totalement à sa disparition.

Malgré tout, l'activité des plus célèbres observateurs ne s'est pas ralentie. Les procès-verbaux de leurs investigations pendant les quarante dernières années sont éminemment suggestifs. On y remarque tout d'abord la même mise en scène. C'est, dans l'angle d'un salon, entièrement privé de lumière du jour, un canapé ou un fauteuil sur lequel le médium s'assied ou s'endort. Un rideau entre-bâillé, tombant du plafond, permet de le surveiller tout en le séparant du cercle des assistants formé à un mètre de lui. La pièce n'est éclairée que par la demi-lumière d'une lampe voilée de papier rouge et placée dans un des coins opposés. Il suffit que l'on puisse lire l'heure sur une montre.

Cependant les minutes s'écoulent; le phénomène se fait attendre. Alors les assistants se donnent la main, ce qui développe la force fluidique, et chantent à mi-voix un refrain populaire, tel que le « Frère Jacques » de notre enfance.

Parfois, un souffle chaud caresse le visage des assistants; des mains invisibles leur tirent la barbe, enlèvent prestement portefeuille et chapeau, déposent entre leurs lèvres des dragées.

12. — Parfois le prodige prend corps; des silhouettes humaines se dessinent près du médium, annoncent à haute voix la marche du phénomène. C'est ainsi que, dans le cours de ses quinze années de médiumnité, M$^{me}$ Piper s'est vue constamment entourée d'intelligences loquaces se donnant les noms de Pihuit, Pelham, Rector, Imperator, Prudens, de valeur bien inégale, et facilitant par leurs explications le travail des professeurs Hyslop et Hodgson. Ce rôle de préparateur et de servant ressort nette-

ment d'une des plus belles séances de matérialisation données par Mᵐᵉ d'Espérance, médium d'origine anglaise, à M. le conseiller Aksakoff. Une jeune fille arabe, du nom de Yolande, morte à quinze ans, en est le principal personnage.

**13.** — Ce jour-là (28 juin 1890), il se répandit dans la salle un parfum de fleurs d'une telle intensité que le médium en était à demi suffoqué. M. Aksakoff, sur la demande du médium, remplit un pot de fleurs de sable et de terre mélangés. Yolande parut, le recouvrit de son voile. La draperie blanche s'éleva lentement sous les manipulations de Yolande, puis la jeune Arabe découvrit un lis de sept pieds de haut, portant onze fleurs couvertes de rosée. Cinq de ces fleurs avaient huit pouces de diamètre ; trois s'ouvraient à peine, et trois étaient en boutons. Ce lis se maintint ainsi pendant six jours, pendant lesquels on put le photographier. Mais le médium écrivit que Yolande n'avait obtenu la plante qu'à condition de la rapporter, parce qu'elle ne lui appartenait pas. Cette dématérialisation fut difficile. Enfin, le septième jour, elle put l'obtenir en sept minutes. La nuit qui précéda sa disparition, on trouva sur la tige un morceau de toile grise ; Yolande dit l'avoir pris dans la contrée où le lis avait poussé. Or, il semblait être un fragment de l'enveloppe d'une momie : la

17

toile était encore parfumée des senteurs employées à l'embaumement (M<sup>me</sup> D'ESPÉRANCE, *Au Pays de l'ombre*).

Tout prodigieux que soit l'épanouissement éphémère d'un lis des bords du Nil au milieu des brouillards de la Tamise, il n'atteint pas les limites de l'invraisemblable, comme les entretiens familiers du fantôme de Katie King avec Sir William Crookes.

**14.** — Puissamment secondé par Florence Cook, jeune médium de quinze ans, le grand physicien eut un jour la satisfaction de voir venir dans sa chambre, sous ce nom d'emprunt, la personnalité d'Annie Morgan, fille d'un boucanier du temps de Cromwell, mariée à un prince indien et morte à vingt-deux ans. Cette apparition se renouvela pendant trois ans (1871 à 1874), ainsi d'ailleurs que l'avait annoncé Katie dès son premier entretien ; mais les séances s'espacèrent de plus en plus, car la santé du médium en était altérée. Dans ces séances, le fantôme conversait avec les enfants de Sir Crookes et leur narrait les principaux événements de sa vie d'aventures.

Katie permit même qu'on l'auscultât : on constata alors que sa taille présentait la résistance de la matière; que le cœur et le pouls étaient réguliers, son teint blanc, la peau douce au toucher.

Ici, je ne puis résister au désir de donner, de la séance d'adieu du 21 mai 1874, un extrait du journal *The Spiritualist* du 29 du même mois :

A 7ʰ 23, Miss Cook entra dans le cabinet obscur, où elle s'étendit sur le sol, la tête appuyée sur un coussin. A 7ʰ 30, Katie se montra en dehors du rideau et dans toute sa forme. Elle était vêtue de blanc, les manches courtes et le cou nu, de longs cheveux châtain clair, de couleur dorée, tombant en boucles des deux côtés de la tête et le long du dos jusqu'à la taille. Elle parla de son départ et accepta le bouquet que M. Tapp lui avait apporté. Katie invita M. Tapp à délier le bouquet et à poser les fleurs devant elle sur le plancher. Elle s'assit alors à la manière turque et nous pria tous d'en faire autant autour d'elle. Alors elle partagea les fleurs et donna à chacun un petit bouquet qu'elle entoura d'un ruban bleu. Elle écrivit aussi quelques lettres d'adieux à quelques-uns de ses amis en les signant « *Annie Owen Morgan* » et en disant que c'était son vrai nom pendant sa vie terrestre. Katie prit ensuite des ciseaux, coupa une forte mèche de ses cheveux et en donna une large part. Elle coupa aussi de grands morceaux de sa robe et de son voile dont elle fit des cadeaux. Puis elle présenta à la lumière les trous qu'elle avait faits, frappa un coup dessus et, à l'instant, cette partie fut reconnue aussi intacte et aussi nette qu'auparavant. Elle donna ensuite ses dernières instructions à Sir Crookes, puis réitéra ses adieux à tous de la manière la plus affectueuse. Elle passa ensuite derrière le rideau et devint invisible. On l'entendit dire au médium, qui la priait en versant des larmes, de rester encore un peu : « *Ma mission est accomplie; que Dieu te bénisse* », et nous entendîmes le son de son baiser d'adieu.

**15.** — Katie, dans ses adieux à toute l'assistance, disait qu'elle ne pourrait désormais parler ni montrer son visage; qu'en accomplissant pendant trois ans ces manifestations psychiques elle avait passé une vie bien pénible pour expier ses fautes; qu'elle était résolue à s'élever à un degré supérieur de la vie spirituelle; que ce ne serait qu'à de longs intervalles qu'elle pourrait correspondre par écrit avec son médium, mais que ce médium pourrait toujours la voir au moyen de la lucidité magnétique.

**16.** — Interrogé trente ans après, en séance publique, sur l'authenticité de ces faits, le président de la Société royale de

20

Londres se borna à répondre : « **Je ne dis pas que cela est possible, je dis que cela est.** »

Près de l'autorité de Sir W. Crookes, près des procès-verbaux signés des noms de Flammarion, Richet, Aksakoff, Lombroso, etc..., que pèsent les négations systématiques de ceux que mine un doute chronique? Quel intérêt ces sommités d'Angleterre, de France, de Russie, d'Italie ont-elles à faire des dupes? Sans doute, ces faits étranges ne se passaient pas dans un cirque ni sur la place publique : dix assistants, tout au plus. Mais combien, parmi ceux qui ont ajouté foi à la parole de Pasteur, ont vu dans son microscope tous les petits organismes qu'il venait de découvrir?

A d'autres égards, faut-il reprocher la demi-obscurité nécessaire à l'évolution des phénomènes ou incriminer de supercherie les agissements des médiums professionnels?

On répond facilement que l'obscurité s'impose à l'observation des astres, à la production de l'image photographique, et que, si certain médium professionnel a été surpris favorisant d'un geste volontaire ou réflexe le développement d'un phénomène, il ne s'ensuit pas nécessairement que toutes les expériences auxquelles il a collaboré soient entachées de fraude.

Au surplus, ces accusations sont-elles fondées?

**17.** — Eusapia Paladino était accusée par un domestique congédié de la villa Carmen et par un comité anglais de l'Université de Cambridge d'avoir aidé d'une main la lévitation de la table.

Contre ces affirmations non prouvées, le D' Ch. Richet, l'un des assistants, déclare qu'à aucun moment ce domestique n'eut accès dans le salon réservé aux expériences. De son côté, M. Maxwel, membre de la haute magistrature parisienne, qui éprouva en maintes circonstances la parfaite probité d'Eusapia, prend vigoureusement sa défense en dévoilant les vices d'organisation des opérations de Cambridge.

La fraude pouvait-elle d'ailleurs se dérober à la vigilance d'un contrôle extrêmement sévère?

Les invités du D$^r$ anglais Hodgson, chargés d'interroger M$^{me}$ Piper, n'étaient introduits que sous de faux noms et masqués. Ce médium américain opérait dans un pays inconnu : on lui avait choisi pour domestique une fille de campagne sans instruction, qui ignorait tout ce qui se passait hors de son service. Une police discrète entourait la maison de sa maîtresse, dont les malles avaient été soigneusement visitées. Chez d'autres observateurs, les pieds et les mains du médium étaient solidement maintenus par les assistants; ailleurs, cinq appareils photographiques maniés par des non-professionnels, et opérant sous le même éclair de magnésium, prenaient simultanément sous toutes leurs faces les images du médium et des fantômes. En un mot, la surveillance exercée, la probité et l'autorité des rédacteurs des procès-verbaux les scellent d'un cachet de véracité incontestable.

Ce chapitre me paraîtrait incomplet si je négligeais des faits d'un plan plus élevé et plus mystérieux que les phénomènes d'ordre physique et que l'on désigne sous le nom de révélations prophétiques. Je n'envisage pas ici ces sublimes inspirations, bases de la morale universelle, livres sacrés également vénérés des races humaines qu'ils ont civilisées, mais ces prédictions laïques ou religieuses, sorties de transes extatiques, qui de siècle en siècle projettent une lueur inattendue sur ce que j'ose appeler les « **archives de l'avenir** ».

N'en doutons pas, certaines prophéties se réalisent; pour le démontrer, j'en citerai trois, actuellement en voie de réalisation.

**18**. — La plus ancienne, dite de saint Malachie, dépeignit en 1590, sous vingt-neuf devises laconiques, la caractéristique du règne des vingt-neuf papes qui devaient lui survivre.

Ainsi la légende de Pie VII — (*aquila rapax*) l'aigle rapace — évoque son emprisonnement; celle de Léon XIII — (*lumen in cœlo*) lumière dans le ciel — sa profonde sagacité politique; celle de Benoît XV — (*religio depopulata*) — la chrétienté décimée ou peut-être plus exactement la religion retirée du peuple, devenue impopulaire.

Et sans avoir reçu nul démenti du passé, le visionnaire inconnu poursuit ses oracles jusqu'au dernier des successeurs de saint Pierre.

**19.** — La seconde, dite de l'Antechrist, portant aussi le nom du frère Johannès, s'étend historiquement depuis le dix-septième siècle jusqu'à la victoire qui nous attend.

M. le chanoine Coubé et M. Maeterlinck ont facilement éludé le problème, en niant son authenticité. Du moins, pouvaient-ils reconnaître son antériorité aux événements militaires qui ont suivi sa publication en septembre 1914 dans le journal *Le Figaro*.

J'ajoute même que son authenticité remonte tout au moins à l'année 1866, date de sa divulgation par le curé de Sufflenheim (Alsace). Une copie de cette prophétie figurait depuis 1909 dans mon recueil de divinations qui fut abandonné en pays envahi.

Il est donc du plus grand intérêt de rapprocher dès aujourd'hui les versets du frère Johannès des faits accomplis.

## Prédictions.

*Le véritable Antechrist sera un des monarques de son temps, un fils de Luther, il invoquera Dieu et se donnera pour son envoyé.*

*Ce prince du mensonge n'aura qu'un bras; mais ses armées innombrables qui prendront pour devise « Dieu avec nous » sembleront des légions infernales.*

*Il aura des docteurs à sa solde qui prouveront et certifieront sa mission céleste.*

*Il aura un aigle dans ses armes et il y en a aussi dans celles de son acolyte, l'autre mauvais monarque. Mais celui-là est chrétien, et il mourra de la malédiction du pape*

## Réalisations.

PROCLAMATION DE GUILLAUME II A SON ARMÉE : « RAPPELEZ-VOUS QUE VOUS ÊTES LE PEUPLE ÉLU... JE SUIS L'INSTRUMENT DU TRÈS-HAUT. JE SUIS SON GLAIVE, SON REPRÉSENTANT ».

LE « GOTT MIT UNS » GRAVÉ SUR L'UNIFORME BOCHE NE COMMANDE-T-IL PAS A DES HORDES INFERNALES ?

QUI NE SE RAPPELLE LE MANIFESTE DES QUATRE-VINGT-TREIZE INTELLECTUELS ?

NOUS AVONS ICI A RETENIR L'ENTRÉE EN CAMPAGNE DE L'AIGLE AUTRICHIEN ET L'ÉLECTION DE BENOIT XV, FIN DE 1914.

| Prédictions. | Réalisations. |
|---|---|
| *Benedictus qui sera élu au début du règne de l'Antechrist.* | |
| *Il n'y aura pas dans le monde chrétien un petit espace qui ne soit rouge ; et rouges seront le ciel, la terre, l'eau et même l'air ; car le sang coulera au domaine des quatre éléments à la fois.* | LA LUTTE DES AVIONS A ÉTÉ ENTREVUE PAR LE PROPHÈTE. |
| *L'Antechrist demandera plusieurs fois la paix.* | LA PREMIÈRE PROPOSITION DE PAIX A ÉTÉ PRÉSENTÉE PAR L'ALLEMAGNE EN DÉCEMBRE 1916. LA SECONDE A VU LE JOUR DANS LA PRESSE AUTRICHIENNE, FIN MARS 1917, SOUS L'INSPIRATION DU COMTE CZERNIN, MINISTRE AUSTRO-HONGROIS DES AFFAIRES ÉTRANGÈRES. |
| *Quand la bête se verra perdue, elle deviendra furieuse ; il faudra que pendant des mois, le bec* | N'ASSISTONS-NOUS PAS A CETTE FURIE SAUVAGE DE MEURTRE ET DE DESTRUCTION QUI MARQUE TOUTES |

| **Prédictions.** | **Réalisations.** |
|---|---|
| *de l'aigle blanc (Russie), les griffes du léopard (Angleterre) et l'ergot du coq s'acharnent sur elle.* | LES ÉTAPES DU RECUL ALLEMAND :. |
| *L'Antechrist perdra sa couronne et mourra dans la solitude et la démence.* | |
| *L'aigle blanc, par ordre de Michel, chassera le croissant d'Europe, où il n'y aura plus que des chrétiens ; il s'installera à Constantinople.* | SAINT MICHEL EST LE PROTECTEUR RELIGIEUX DE LA RUSSIE COMME SAINT GEORGES DE L'ANGLETERRE. |
| *Alors commencera une ère de paix et de prospérité pour l'univers, et il n'y aura plus de guerre, chaque nation étant gouvernée selon son cœur et vivant selon la justice.* | |

A l'heure où j'écris ces lignes nous ne pouvons qu'espérer la confirmation des trois derniers versets prophétiques.

La troisième prédiction est de source profane.

Son antériorité aux guerres de 1870 et de 1914-1917 repose sur le témoignage de deux personnalités aussi éloignées du spiritisme que du cléricalisme, MM. les Dʳˢ Tardieu et Ch. Richet.

Les circonstances dans lesquelles elle s'est produite n'ont rien d'étrange.

**20.** — Traversant un soir de juillet 1869 le jardin du Luxembourg aux côtés de son ami Tardieu, M. Sonrel, jeune normalien attaché à l'Observatoire de Paris, se redresse brusquement dans un sursaut d'angoisses et prédit en quelques mots les terribles malheurs qui vont s'abattre sur la France, sur la famille de son ami, sur lui-même. Comme cette prophétie sert de thème à l'examen des origines des inspirations divinatoires, j'en reporte le texte à la fin du chapitre suivant : Hypothèses explicatives.

---

# CHAPITRE III

# HYPOTHÈSES EXPLICATIVES

---

> L'occultisme a apporté à la science de l'homme une contribution précieuse au même titre que la biologie, l'ethnographie, la psychologie.
>
> M₉ʳ CHOLLET, archevêque de Cambrai, *De la contribution de l'occultisme à l'anthropologie*.

Sans me départir de sentiments de déférence vis-à-vis de maintes personnalités d'une maîtrise indéniable, je ne puis me défendre d'un certain scepticisme à l'égard des philosophes et des prêtres, les uns, prisonniers de leur méthode et de leurs systèmes, les autres, de leurs rites et de leur foi.

Il faut laisser à la raison l'aisance de s'orienter sans entrave.

Tout extravagantes que paraissent les manifestations du spiritisme, on m'accordera sans peine qu'elles ne heurtent aucune croyance primordiale, aucune conquête de la science classique.

Bien plus, la protestation de quelques croyants semble même une erreur d'histoire et de doctrine religieuses.

Que sont en effet les prophétesses de saint Paul, sinon des médiums inspirés, et les extases de sainte Thérèse, sinon des transes mystiques ?

La floraison du lys d'Yolande (13) fait revivre la baguette d'Aaron que décrit en ces termes l'Ancien Testament :

21. — « Que chacun d'eux prenne une ba-
« guette... écris, toi, le nom de chaque homme sur
« la baguette... et, il arriva que le matin Moïse
« entra dans le tabernacle ; et voici, la baguette
« d'Aaron avait fleuri ; et elle portait des boutons
« et des fleurs épanouies, et elle produisait des
« amandes. »

On chercherait en vain dans le Nouveau Testament tout entier un mot d'interdiction de l'évocation des morts. Le Christ lui-même ne se rallie-t-il pas à la thèse de la réincarnation, quand il dit :

**22.** — « Tous les prophètes et la loi ont pro-« phétisé jusqu'à saint Jean ; et, si vous voulez rece-« voir ceci, il est cet Élie qui doit venir. Élie s'est « réincarné dans l'âme de saint Jean-Baptiste. Mais, « je vous dis qu'Élie est déjà venu, et ils ne l'ont « point reconnu. » (Évangile saint Matthieu XI, 13 et 14 ; XVII, 9 à 13.)

Et ailleurs, s'adressant à Nicodème :

« En vérité, en vérité, je te le dis, personne s'il « ne naît de nouveau, ne peut voir le royaume de « Dieu. Ce qui est né de la chair, est chair ; ce qui « est né de l'esprit, est esprit. Ne t'étonne pas de ce « que je t'ai dit, il faut que vous naissiez de nou-« veau. » (Évangile saint Jean III, 3, 6.)

Consultons maintenant les Pères de l'Église.

**23.** — Après avoir mentionné des appa-ritions de défunts allant et venant dans leur demeure accoutumée, le plus célèbre d'entre eux, ajoute :

« Pourquoi ne pas attribuer ces opérations aux « esprits des défunts et ne pas croire que la divine « Providence fait un bon usage de tout pour

« instruire les hommes, les consoler et les épou-
« vanter ? » (Lettres de saint Augustin.)

**24.** — De nos jours, le père Lacordaire
écrivait dans le même sens à propos des
tables tournantes :

« Peut-être aussi par cette divulgation Dieu veut-
« il proportionner le développement des forces spi-
« rituelles au développement des forces matérielles,
« afin que l'homme n'oublie pas, en présence des
« merveilles de la mécanique, qu'il y a deux mondes
« inclus l'un dans l'autre, le monde des corps et le
« monde des esprits. » (Lettre du 20 juin 1853 à
M^me Swetchine.)

A ces deux autorités ecclésiastiques, M. le
chanoine Coubé opposa du haut de la chaire
de la Madeleine une thèse absolument
contraire.

Le conférencier populaire soutint (Voir
l'*Idéal*, numéro de mai 1917), qu'en dépit
du sens restrictif du mot latin « ipse » les
paroles de Jésus : *il est cet Élie* (**22**) devaient
être entendues dans un sens allégorique et
qu'elles signifiaient simplement que saint
Jean était l'image et non la personnalité
réincarnée d'Élie : soit, mais pourquoi tra-

33

duit-on à la lettre, c'est-à-dire dans un tout autre sens, les paroles de la Cène, prononcées par Jésus, après la rupture du pain ? Il est vraiment regrettable qu'en matière aussi délicate et selon les besoins de la cause, la méthode d'interprétation dogmatique s'affranchisse de tout procédé scientifique.

Puis, plus préoccupé des agissements du diable que des rassurantes pensées de saint Augustin et du père Lacordaire, M. le chanoine Coubé ne dédaigna pas de confesser lui-même les tables tournantes ; voici les parties les plus suggestives d'une expérience à laquelle il prit part en février 1917.

« Le 15 février 1917, désireux de me documenter « plus à fond et *de visu* sur un sujet dont j'ai eu et « dont j'aurai encore à traiter, dûment muni d'ail- « leurs d'une permission épiscopale spéciale, j'ai « assisté dans une maison amie à une séance de « spiritisme.

« Il y avait, outre moi, trois messieurs et quatre « dames, personnes très honorables que je connais « bien. Les trois dames qui ont ait tourner la table « étaient d'une absolue bonne foi... A peine ces « dames eurent-elles posé leurs mains sur la table « que celle-ci se mit en mouvement.

(Ici s'engage un dialogue entre la table et l'un des messieurs, qui n'offre d'autre intérêt saillant que de prédire la fin de la guerre en juillet 1917. On joue au piano la *Valse des Flots :* la table se met à valser en mesure parfaite ; puis l'orateur continue.)

« On posa alors sur elle un chapelet. Immédiate-
« ment, elle se livra à des mouvements désordonnés
« et violents, jusqu'à ce qu'elle eût rejeté l'objet qui
« lui était odieux. Alors elle se calma graduellement.
« Quelqu'un lui dit :
« — Es-tu un esprit ?
« — Oui.
« — Es-tu le démon ? Es-tu Satan ?
« — Oui.
« Nous nous regardions tous un peu interloqués.
« Au bout de quelques instants, je priai le soldat de
« replacer le chapelet. De nouveau, elle s'agita
« avec une extrême violence. On eût dit un animal
« furieux cherchant à se débarrasser d'un dard
« enfoncé dans sa chair. Elle donnait des coups à
« droite, à gauche, se cognant contre les personnes,
« les chaises, les murs, jusqu'à ce que le chapelet
« fût tombé. Je lui dis d'un ton autoritaire : Tu as
« peur de la sainte Vierge ; elle t'a vaincu. Elle est
« toute-puissante et ne te craint pas.
« Je crus qu'elle allait me sauter à la figure. Je
« reculai un peu. Elle se mit à marcher sur moi,

« échappant au contrôle de ces dames. Le soldat
« voulut l'arrêter. Elle bondissait et retombait fu-
« rieuse. Enfin un de ses bonds fut si violent qu'un
« des trois pieds du trépied fut cassé et elle tomba
« à terre. La cassure était nette, en plein bois. »

En terminant, le chanoine Coubé résume
toute sa pensée en ces deux propositions :

« Est-ce le démon qui nous a dit par la table
« tournante que la guerre finira en juillet 1917 ?
« oui, incontestablement.

« Alors vous croyez que la guerre finira en juillet
« 1917 ? Je n'en sais absolument rien. »

Trois jours après avoir lu dans l'*Idéal*, numéro de mars 1917, cette conférence qui, en
notre temps de hantise spirite, a du moins le
mérite de l'actualité, je priai mes médiums
de se réunir pour se livrer à une contre-
épreuve.

Mes collègues et moi, nous étions donc, le
3 avril. suivant, réunis au nombre de cinq
autour du guéridon. Il se mit rapidement
en marche, puis, sur question posée, répondit sans hésitation que la présence d'un
chapelet ne pouvait en aucun moment troubler son action. Un chapelet et un buis

36

bénits furent placés sur ce guéridon plus to-
lérant que la table du chanoine Coubé : pas
la moindre agitation, pas le plus petit signe
de répulsion. Ce calme fut loin de nous sur-
prendre ; nous connaissions de longue date
la force intelligente qui animait notre instrument : ses relations avec notre groupe
étaient toujours empreintes de la plus
grande courtoisie. Néanmoins nous ne nous
sommes pas arrêtés à ce fait unique. La
séance fut interrompue et reprise au bout
de quelques minutes : une autre intelligence
errante fit tourner le guéridon, nous dit
quelques mots et supporta avec autant de
sang-froid que la première le contact du buis
et du chapelet.

Le prince des enfers n'a jamais, que je
sache, expliqué son attrait particulier pour
la couleur blanche, qui facilite la mise en
marche des appareils, ni sa répulsion mar-
quée pour certaines espèces de bois d'un
maniement plus difficile, encore moins une
irréductible aversion à l'égard des objets
métalliques les plus légers : interrogez une
table en aluminium, elle refuse de répondre.

Qu'est-ce à dire alors, sinon que le conférencier de la Madeleine a été dupe d'un esprit facétieux, prenant plaisir aux terreurs du prêtre, l'autre monde n'étant, comme je l'établirai plus loin, que le reflet du nôtre. Le mineur de Courrières, Ruhlmann, qui est venu clamer son cri de haine « à bas la calotte » (50), aurait-il accepté sans résistance de son vivant un chapelet autour du cou ?

Au surplus, quelle créance mérite l'affirmation par Satan de son identité, alors qu'on la refuse à ses prédictions ? Est-il besoin de faire remarquer que sur le terrain scientifique une interprétation confessionnelle dénuée de tout autre appoint ne constitue pas une preuve d'identité.

Mieux que l'argumentation philosophique, le récit suivant émané du directeur d'une des paroisses les plus peuplées de Londres rendra raison de la qualification d'œuvre diabolique lancée contre la science spirite.

25. — « Le samedi 3 novembre 1888, à « 10 heures du soir, après une laborieuse journée, « au moment où je reprends la lecture de mon bré-

« viaire, la sonnette se fait entendre avec violence.
« Un colloque assez animé s'élève entre le visiteur
« et ma domestique. Dès mon intervention, une
« dame âgée apparaît qui demande d'une voix sup-
« pliante qu'un prêtre voulût bien se rendre à telle
« maison qu'elle indiquait pour assister un jeune
« homme sur le point de mourir. Je lui demande
« alors : Ma visite peut-elle être remise au lende-
« main ? — Je vous en conjure, reprit-elle, ne dif-
« férez pas un instant. — Comptez sur moi, lui dis-je,
« je serai chez vous en moins de vingt minutes. —
« Elle me répondit à voix basse, mais avec une
« profonde émotion : que Jésus et Marie vous ré-
« compensent de votre charité et qu'ils soient avec
« vous à l'heure de la mort !

« Je partis. A l'appel de la sonnette une femme
« âgée m'ouvrit : ce n'était pas celle qui était venue
« me chercher. Je suis un prêtre catholique, lui
« dis-je, et je viens voir un malade en danger de
« mort. — Nous n'avons pas de malade ici, Monsieur;
« notre maison porte bien le numéro que vous cher-
« chez : on se sera trompé en vous donnant l'adresse.
« — J'allais repartir assez désorienté, quand un
« jeune homme, qui avait entendu ce colloque, sortit
« d'une pièce voisine, et m'offrit l'hospitalité dans
« une chambre où, par cette nuit de brouillard, il y
« avait un bon feu.

« Au cours d'une conversation prolongée et
« sérieuse, j'appris que ce jeune homme avait depuis

« dix ans abandonné toute pratique religieuse. Ce-
« pendant sa foi n'était qu'endormie. Dieu bénit
« mes paroles, car je ne le quittai qu'après l'avoir
« confessé et pris rendez-vous pour le lendemain.

« Or, le lendemain, la domestique, fondant en
« larmes, vint m'apprendre la mort subite de ce
« jeune homme qu'on avait trouvé inanimé dans
« son lit.

« Je me rendis à la maison pour prier auprès du
« cercueil qu'on avait déposé dans une des pièces
« principales. J'étais absorbé dans ma prière, lors-
« que, levant tout à coup les yeux, je vis, pendu
« au-dessus de la cheminée, le portrait de la dame
« âgée qui était venue me chercher pour un jeune
« homme sur le point de mourir. Ma domestique
« reconnut aussi, en voyant le portrait, la personne
« avec qui elle avait causé la veille. Quelle ne fut
« pas mon impression, quand on m'apprit que ce
« portrait était celui de la mère du jeune homme
« morte depuis plusieurs années. » (Extrait du
*Petit Messager du Très-Saint-Sacrement,* novembre
1909.)

Par ces exemples et ces textes nous
voyons que les données de l'histoire se lient
aux assurances de la raison.

Peut-on, en effet, sérieusement se re-
présenter Satan devenu le prédicateur de
l'amour de Dieu, de la fraternité, du dogme

40

de la survie, cette aube si consolante de toutes les religions, et traiter de disciples du mal des hommes qui croient tout aussi fermement que les chrétiens à la bonté du Tout-Puissant ?

Cependant, entre l'opposition dogmatique que nous venons de combattre et la véritable critique, il est des hypothèses intermédiaires qui, loin de solutionner le problème, l'ont rendu plus compliqué.

**Combinaisons théosophiques.** — Selon les théosophes, tous les phénomènes de cette nature sont le résultat monstrueux d'une coquille astrale et d'un élémenthal. C'est substituer un mystère à un autre mystère. Or les fantômes nous disent qu'ils sont d'origine humaine ; leur photographie ne nous a jamais donné l'image de monstres inconnus.

**26. — Hallucination. Hystérie.** — Ceux qui n'ont lu que Jules Bois, Mme de Thèbes, Léo Taxil et ceux qui n'ont vu que des faits de somnambulisme se hâtent d'accuser d'hallucination les observateurs des faits spirites, et d'hystérie, les médiums, leurs seconds. De telles suppositions confinent à l'absurdité. Il est aussi déraisonnable de croire à une hallucination collective faussant dans le même temps et de la même manière la vue, l'ouïe de cinq à dix personnes, que de prendre MM. Flammarion, Maxwell, Richet, de Rochas pour des hallucinés. Ceux-ci n'auraient pas manqué de signaler les tares hystériques — contractures, paralysies partielles, anesthésie, rétrécissement du champ visuel, etc. — qu'ils auraient surprises chez leurs médiums. En ce qui me concerne, le meilleur médium que j'ai éprouvé était un officier d'artillerie en retraite, de constitution robuste, dont l'âge n'avait pas affaibli la passion pour les sciences abstraites.

**27. — Quatrième dimension de Zöllner. Absolu de Hartmann. —** Deux professeurs allemands, l'astronome Zöllner et le philosophe von Hartmann ont édifié leurs systèmes explicatifs sur deux conceptions bien différentes mais également étranges.

Le premier imagine l'existence hypothétique d'une quatrième dimension de la matière; le second, la collaboration dans l'âme humaine de la conscience somnambulique latente avec l'Absolu.

Un être à quatre dimensions me paraît aussi inconcevable qu'un être à qui il manquerait soit la longueur, soit la largeur, soit l'épaisseur. En outre, j'avoue naïvement ne pas saisir la relation qui peut exister entre la quatrième dimension de Zöllner et la jeune fille, âgée de douze ans, du juge américain Edmunds parlant parfois huit langues tandis qu'elle n'en connaît que trois. Je n'aperçois pas non plus par quel moyen mécanique de l'Absolu un crayon, placé entre deux ardoises vissées, peut écrire des messages d'intelligences invisibles.

Idées nébuleuses, phrases creuses, tel est sur ces questions le bagage philosophique allemand.

Ces solutions fantaisistes ou inintelligibles écartées, nous abordons maintenant une série de thèses scientifiques, dont l'ensemble a jeté quelques lueurs sur notre ténébreuse destinée.

**28.  —  Dédoublement partiel de**

**l'âme.** — La pensée est un acte du cerveau comme le geste de frapper, un acte du biceps. On la compare avec raison à une étincelle électrique produite par le muscle cérébral, ébranlant de ses vibrations les nappes d'éther où nous sommes plongés, et déterminant des ondulations semblables à celles d'une pierre tombant sur une eau calme. Dans leur pérégrination, ces ondulations sont susceptibles d'impressionner, à des milliers de lieues de là, d'autres cerveaux en rapport d'harmonie ou d'attraction avec le premier.

Notre histoire africaine est remplie de faits de ce synchronisme spirituel.

**29.** — Parlant de la rapidité sans exemple des relations indigènes à travers le désert, le marquis de Morès écrit :

« Les Arabes ne communiquent pas au moyen de
« feux, on les verrait ; ils ne communiquent pas au
« moyen de cris, on les entendrait. Les nouvelles se
« transmettent mentalement par l'intermédiaire de
« vieux marabouts, espèces d'ascètes, qui, de longue
« date, par des pratiques inconnues, s'entraînent à
« projeter au loin leur pensée. »

44

**30.** — Le commandant Dauvil, de l'infanterie de marine, rapporte aussi un phénomène curieux d'extériorisation de la pensée que je résume en quelques lignes.

En 1884, à l'île de La Réunion, cet officier endort dans une soirée chez le consul d'Angleterre un jeune écrivain de marine du nom de Cossé, puis lui enjoint de se rendre à Bordeaux et de lui dire ce qu'il voit sur la place du Théâtre.

Cossé fait d'abord la description du monument, de son péristyle, de la foule même qui se presse sur les marches du grand escalier. Il se lève ensuite brusquement, traverse le salon, fait le simulacre de gravir les marches, se baisse vers un tableau. « Que « regardez-vous là, lui demande le commandant ? — « L'affiche, répond-il. — Quelle affiche ? — Mais « celle qui est dans ce cadre, sous ce grillage. — « Alors, dites ce que vous voyez. — Une affiche « jaune, attendez. » Au milieu du silence profond des spectateurs, ce jeune homme lut à 3.000 lieues de Bordeaux : « Grand-Théâtre de Bordeaux : ce « soir, samedi 24 octobre 1884, première représen- « tation d'*Aïda*, musique de Verdi. » Vingt-cinq jours après, à l'arrivée du paquebot de France, le journal *La Gironde* annonçait au cercle militaire de l'île de La Réunion qu'à la date de la soirée du consul anglais, on jouait, au théâtre de Bordeaux, *Aïda*, musique de Verdi.

De même que la pensée, la sensibilité est capable de se libérer temporairement de son enveloppe charnelle. Les retentissantes expériences de M. le colonel de Rochas l'ont clairement démontré.

Au cours d'une des phases du sommeil magnétique, ce savant opérateur a transporté la faculté de sentir de son sujet dans un verre d'eau placé à 4 mètres ; et cela si complètement, qu'il pouvait lui piquer ou lui pincer les bras ou les jambes sans provoquer aucune plainte, tandis que le patient poussait des cris de douleur, quand le colonel introduisait une aiguille dans le verre d'eau.

On voit d'ici tout le parti que la philosophie contemporaine a tiré de ces prodigieuses découvertes contre les premiers balbutiements du spiritisme.

**31.** — Sous l'exaltation somnambulique, la pensée du médium ondule, court à travers le monde, ramasse des faits, pénètre d'autres pensées vers lesquelles l'attire une mutuelle sympathie, puis rapporte à l'assistance ébahie la gerbe de faits et d'idées qu'elle a butinés. Tel est tout le mystère spirite, qu'on veut démonétiser en lui donnant le nom de télépathie ou phénomène de transmission et de lecture de pensée.

Il faut remarquer néanmoins que, si simple que soit cette théorie, de sérieuses objections subsistent.

On ne s'explique pas comment, dans ce rayonnement de la volonté, l'ampleur des vibrations ne s'atténue pas avec la distance, comme les ondulations sur l'eau; ni pourquoi ces phénomènes de transmission et de lecture de pensée sont aussi rares, quand les projections incessantes de pensées à travers l'espace se comptent par milliards.

**32.** — J'insiste même sur ce point particulier que, s'ils sont spontanés, c'est-à-dire surpris au milieu des occupations de la vie journalière, ils ne se produisent généralement qu'entre personnes unies par des liens de parenté ou d'amitié.

C'est la cause de la transmission de pensée que plaide M. Maurice Maeterlinck. Entre ses mains, la thèse télépathique a pris une telle élasticité qu'il admet comme possible que les révélations du médium endormi viennent non seulement de ce qu'il a pu voir et entendre par lui-même, à quelque distance que ce soit du lieu de l'expérience, mais encore de ce qu'ont pu voir et entendre d'autres personnes, qui lui sont inconnues, mais que sa pensée rencontre dans ses pérégrinations : cette pensée est impressionnée au passage par les souvenirs propres de ces personnes étrangères, qui servent ainsi à leur insu d'intermédiaires entre des êtres disparus et muets et les expérimentateurs.

Ce serait parfait si cette puissante clef avait raison de toutes les énigmes. Or elle est incapable de servir, quand il s'agit de communications venues de générations depuis longtemps disparues (52, 53, 54).

**33. — Inconscient ou subconscient.** — Notre personnalité, notre « Moi » est formé de deux facteurs en activité constante : la conscience, agent toujours en éveil de notre intelligence, chargée de relier sans cesse l'acte qui s'accomplit à l'acte qui vient de s'achever, grand ordonnateur responsable de notre vie quotidienne ; et l'inconscient, partie de la mémoire endormie, la mémoire latente de Hartmann, où ne pénètre pas la volonté, qu'on peut comparer au magasin d'accessoires d'une pièce de théâtre qui ne se joue plus.

C'est par l'inconscient que, soit dans les songes, soit subitement au milieu des préoccupations du travail journalier, nous revivons des souvenirs de jeunesse, depuis longtemps perdus. C'est encore grâce à l'inconscient de notre âme que ces souvenirs ne sont pas effacés par le renouvellement incessant de notre organisme cellulaire.

Mais il reste toujours à expliquer, ce que négligent de faire les partisans de l'inconscient, pourquoi des souvenirs éteints se rallument au contact des mains et d'une table, et comment ces souvenirs se muent en apparitions ou en révélations entièrement inattendues.

**34. — Conscience collective. —** Cette double thèse du rayonnement de l'âme et de l'existence de l'inconscient a

49

conduit M. Boirac, recteur de l'Université de Dijon, à de suggestives expériences et à cette conclusion psychique :

Une personnalité intelligente, volontaire, formée de la collectivité des intelligences des assistants, peut se constituer et se manifester à leur insu. C'est cette conscience collective qui transmet au guéridon, actionné par la force odique du médium, tout ce qu'elle puise dans la mémoire ordinaire et dans l'inconscient de l'assistance.

Or, la première objection qui se présente à mon esprit est celle-ci : il m'est arrivé d'interroger mon correspondant habituel supra-terrestre sur des sujets historiques qui m'étaient familiers. Les questions les plus simples le jetaient dans l'embarras. Il ne cessa de répondre : « Je ne sais, je ne sais. » Qu'était donc devenue ce jour-là la conscience collective des assistants, alors que ma mémoire lui était ouverte comme un livre ? De même, on ne conçoit pas le rôle de la conscience collective dans cet autre exemple tiré du livre de M. Sage : *Madame Piper ;* Robert Hyslop, désincarné, dit à son fils, le professeur James, au milieu d'une longue communication : « *Je me sens tomber en défaillance, je me retire un instant, attends-moi, je vais revenir* »; et, pendant son absence, une autre intelligence invisible entretient la conversation.

**35. — Champ potentiel nerveux. —** Indépendamment des faits intellectuels relevant de la conscience collective, il en est d'autres visibles et tangibles : mouvements de la table, transport des objets, coups frappés, appelés phénomènes physiques que M. Maxwell attribue à l'activité involontaire des centres nerveux de l'assistance. Parallèlement à la cohésion des intelligences, il se produirait une condensation nerveuse en dehors du corps humain capable de provoquer des effets mécaniques et plastiques.

Ici encore, l'explication est insuffisante.

En effet, cette force soumise aux lois physiques d'attraction et de répulsion devrait s'exercer en ligne directe. C'est donc en violation de ces lois connues qu'elle exécute une marche circulaire autour de la table à thé, et des crochets de droite et de

gauche pour éviter la main de Robert (8).
Autre fait : la table s'arrête parfois au cours
d'une expérience bien suivie, quelque persis-
tante que soit l'imposition des mains; elle
ne reprend son mouvement qu'à son heure
et non sur les instances des assistants. C'est
une nouvelle défaillance de l'inconscient, du
champ potentiel nerveux et de la conscience
collective.

Ainsi sur quelque inconnue qu'on l'ait
sollicitée, la science classique ne nous a
fourni jusqu'alors que des satisfactions pré-
caires et incomplètes.

Reprenons donc au point où nous l'avons
laissée l'histoire de la prophétie Sonrel
pour l'analyser d'abord et poser ensuite
aux systèmes philosophiques cette dernière
question : A quelle source les prophètes
puisent-ils leurs inspirations? Il n'est pas
inutile de rappeler ici que le texte, dont je
rapporte seulement les passages les plus en
vue, nous a été transmis par des intermédiaires non suspects, MM. les Dᵣˢ Tardieu et
Richet.

**36.** — S'adressant tantôt à son ami,

tantôt se parlant à lui-même, le prophète exhale en quelques mots de terreur ou de joie sa vision de la guerre de 1870 et de la tempête actuelle.

I. — *Oh! qu'est-ce que c'est... C'est la guerre... Sedan! quelle bataille! ô ma patrie! ô mon pays! quel désastre, quel malheur!*

II. — *Te voilà au siège de Paris...*

III. — *Tiens, je suis officier supérieur. Comment?... Je meurs en trois jours.*

IV. — *Oh! mon Dieu! ma pauvre femme est enceinte d'un enfant que je ne connaîtrai pas.*

V. — *Tu te maries... tu souffres, tu pleures près d'une femme qui agonise : courage, tu triompheras.*

VI. —(Ici des prévisions intéressant la vie intime de la famille Tardieu.)

VII. — *Ah! mon Dieu! ma patrie est perdue. La France est morte, quel désastre!... Ah! la voilà sauvée! Elle va jusqu'au Rhin; ô France, ô ma patrie bien-aimée, te voilà triomphante, tu es la reine des nations, ton génie resplendit dans l'univers; tout le monde t'admire.*

Il convient de noter en passant que M. Tardieu, se basant sur la réalisation des faits VI, tenus secrets, annonçait depuis mai 1914 la guerre avant septembre à ses amis.

Qu'imaginent maintenant les plus profonds psychologues de cette clairvoyance instantanée ?

Il en est qui allèguent dans une comparaison plus saisissante que vraie que le prophète est un aveugle qui, lançant des projectiles dans toutes les directions, frappe, une fois sur mille, par un heureux hasard, le but qu'il ne voit pas.

M. Sonrel n'a pas le geste hésitant ou désordonné d'un aveugle ; il ne parle qu'une fois ; et, si nous voulons poursuivre la comparaison, nous montrerons plus loin que s'il a lancé sept traits, six ont déjà frappé le but.

D'autres dialecticiens, M. Maeterlinck le premier, affirment, sans d'ailleurs en fournir la preuve, que l'avenir est **en principe** contenu dans le présent, et que là certaines personnalités privilégiées peuvent le cueillir.

**Tout d'abord, qu'est-ce qu'un principe?**

Sur l'acception de ce mot, nous sommes tous d'accord. C'est quelque chose de caché, qui ne tombe pas sous nos sens, mais dont l'existence est certaine, parce qu'elle nous paraît la raison d'être d'une autre chose perçue par nos sens.

**37.** — Ainsi, dans un grain de blé, nous sentons la présence d'une force vitale qui contient non seulement le développement de la tige, des feuilles et du premier épi, mais encore le germe des millions de grains que produira par la suite ce premier épi : **principe si particulariste,** que, placé sur le même sol que la ciguë, le blé n'accumulera qu'une matière bienfaisante, tandis que sa voisine ne tirera du même élément qu'un poison mortel.

Passons à l'application.

Le prophète Sonrel entrevoit dans une seule lueur extatique une succession de faits d'ordre bien distinct : les uns, généraux (I, VII), les autres particuliers et accidentels (II, III, IV, V, VI).

55

Les six premiers se sont réalisés : M. Sonrel, nommé chef de bataillon du génie en novembre 1870, meurt en trois jours, le 20 du même mois, de la variole ; — sa femme était enceinte de trois mois d'un enfant qu'il n'a pas connu ; — M^{me} Tardieu succombe, après six ans de mariage, à une maladie de foie.

Le dernier fait (VII) est en voie d'accomplissement.

Si l'on conçoit à la rigueur que la guerre de 1870 et la lutte sanglante de nos jours ne sont que les phases successives et fatales de la rivalité séculaire de deux races, les allusions divinatoires à la défaite d'une part et au triomphe final d'autre part marquent les paroles de M. Sonrel d'un caractère prophétique. Mais ce qu'il faut bien reconnaître comme inexplicable, c'est le rattachement des faits confidentiels, accidentels II à VI aux événements généraux historiques I et VII. Entre ces deux classes de faits, il n'existe aucune liaison ; de même que le développement du grain de blé et la croissance de la ciguë procèdent de principes différents, les soubresauts de l'humanité en marche n'ont rien de commun avec les incidents obscurs de notre vie éphémère.

**38. — L'avenir n'est donc pas en principe, c'est-à-dire en toute hypothèse, contenu dans le présent.**

Appliquée à la prédiction de Johannès, cette méthode d'analyse aboutirait à la même affirmation.

Avouons-le donc sagement. Sur ce sommet de la lucidité prophétique une barrière formidable, que seule une inspiration surhumaine peut franchir, arrête tout effort de pénétration de notre science philosophique.

Où est la source de cette inspiration? La théorie spirite nous le dira.

————

# CHAPITRE IV

## PHÉNOMÈNES DE VEILLE

---

> Lorsque j'étais enfant, je parlais comme
> un enfant, je pensais comme un enfant, je
> raisonnais comme un enfant ; quand je
> suis devenu homme, j'ai laissé là les façons
> de l'enfant.
>
> SAINT PAUL, *Épître aux Corinthiens*,
> I, XIII, 2.

C'est au hasard d'une conversation de table d'hôte que je dus, en 1907, mon initiation spirite. Des officiers, mes voisins de table, narraient les pas assouplis des tables tournantes ; j'étais loin de partager leur conviction et je ne m'en cachais pas ; cette incré-

---

NOTA. — Sans préjuger en rien les preuves d'identité qui doivent être le point capital de ce chapitre, et à défaut de toute autre expression française, j'emploie le mot **esprit** avec l'acception de force invisible, intelligente, volontaire formant une des parties constitutives de l'homme.

dulité m'accula à un pari que je perdis large-
ment. Il est vrai qu'au premier essai le guéridon refusa de tourner; mais en retour, il
parlait en frappant du pied ; ses réponses
sur l'âge, le contenu du porte-monnaie des
personnes présentes étaient panachées de
vérités et d'erreurs. Le lendemain, il obéit
à toutes nos fantaisies, tournant dans une
allure si fougueuse que nous dûmes l'aban-
donner.

Le souvenir cuisant de cette première
rencontre avec la matière inerte, pourvue
instantanément de force et d'intelligence,
m'incita à solliciter l'année suivante, dès
mon installation à Nancy, mon admission à
la Société psychique de cette ville. J'y cou-
doyais à mon grand étonnement des cama-
rades doués de l'étrange faculté d'inter-
viewer sans aucune préparation spéciale des
êtres invisibles prêts à la riposte. Quelques
minutes d'imposition des mains sur une
table ou sur une planchette mobile suffi-
saient pour engager la conversation. Cet
étonnement devint même de la stupéfaction,
lorsque deux d'entre eux, M. et Mme C..., me

confessèrent qu'ils entretenaient des relations suivies avec un des membres disparus de leur famille.

**39.** — Le vendredi de chaque semaine, à 8 heures du soir, l'esprit Thérèse, mère de M^{me} C..., vient, comme de son vivant, s'informer de l'état de santé de ses enfants, prendre soin de leurs intérêts. A des dates de plus en plus espacées se présente aussi sous le pseudonyme de Pie IX, le bisaïeul de M^{me} C..., pasteur à Lille à la fin du dix-huitième siècle. Les entretiens de ce dernier, d'un caractère plus élevé, insistent sur la bonté du Tout-Puissant, le mépris des richesses et la pitié due aux malheureux.

Toutes ces causeries bizarres, rapportées à nos réunions hebdomadaires du jeudi, firent naître en mon esprit l'idée qu'elles pouvaient éclaircir certaines données du problème de la destinée humaine. Je résolus de les provoquer comme tant d'autres chercheurs, et d'appliquer à mes investigations les procédés les moins dangereux et les plus faciles à contrôler.

40. — Mes médiums avec ou sans instructions, intellectuels ou naïfs, ont été pris dans toutes les conditions sociales, pourvu qu'ils fussent sans passé psychique. Je ne les ai jamais magnétisés, hypnotisés ni endormis, c'est-à-dire qu'ils étaient, comme ceux qui les entouraient, à l'état de veille. Enfin toutes les expériences auxquelles j'ai pris part, soit comme médium, soit comme interrogateur, se développèrent en pleine lumière.

Après quelques séances d'essais et de tâtonnements entre mes deux premiers médiums, les dames D... et S..., et un interlocuteur invisible peu familiarisé avec le maniement de l' « oui-jà », la conversation prit, le 17 juin 1915, une orientation fort inattendue. Cet agent extra-terrestre m'avait révélé quelques jours auparavant que j'avais un protecteur spirituel et que ce protecteur, dont il ne put jamais me donner la biographie ni l'origine, était saint Michel.

**41.** — (¹) ? Pour plaire à saint Michel, que dois-je faire,

(¹) — *Porter une médaille.*

? Où la trouverais-je,

— *Rue Saint-Georges, chez Prévot.*

(Nous ignorions tous trois le nom de ce bijoutier, la situation de sa maison de commerce. Je demandai des précisions.)

? Quel est le numéro de la maison Prévot,

(Immobilité de l'oui-ja; pas de réponse.)

? Dites-nous alors si la bijouterie Prévot est à droite ou à gauche en allant du Point Central à la Porte Saint-Georges,

— *A droite.*

? Faut-il la faire bénir,

— *Oui.*

? Où,

— *A Bon-Secours.*

(Chapelle hors de la périphérie, a Nancy.)

? Par un prêtre,

— *Non, par des reliques, placées à droite, près du chœur.*

___

(1) Dans cette séance comme dans les suivantes, les questions posées sont précédées du point interrogatif et les réponses de l'esprit d'un tiret.

? Comment,

— *Simple contact.*

(Aucun de nous ne connaissait le reliquaire de la chapelle.)

Dès 8 heures du matin, le lendemain, je fouillais du regard l'étalage de la bijouterie Prévot. On y voyait scintiller une profusion de montres, bagues, boucles d'oreilles et sautoirs ; mais de médailles, point. J'entrai néanmoins. Sans trahir une extrême émotion, je demandai aux deux jeunes vendeuses qui se présentèrent, une médaille de saint Michel. Elles me répondirent dans un sourire narquois que depuis le début des hostilités le magasin en était dépourvu. J'allais sortir quand une dame âgée vint s'enquérir de l'objet de ma demande et, à la suite de minutieuses recherches, finit par découvrir dans une boîte de carton jauni, parmi des douzaines d'autres saints délaissés, deux médailles de l'archange Michel.

A la chapelle de Bon-Secours, nouvel émoi. Je sonne le sacristain, il est absent; son intérimaire m'affirme qu'il n'existe aucune relique dans le saint lieu confié à sa garde. Cette réponse ne me satisfait point : sous l'empire d'une pensée obstinée, je scrute les moindres détails de l'ornementation de la chapelle. Il y avait devant mes yeux, à droite, attachée par une planchette à la grille du chœur, une statuette de la Vierge de très petite dimension enfermée elle-même dans un reliquaire de verre. Je ne parvenais pas à comprendre, lorsque j'aperçus une sorte de verre de montre incrusté dans la planchette. On pouvait compter sous le verre, dans l'épaisseur du bois, huit à neuf petits morceaux d'os ou d'étoffe soigneusement ficelés portant des inscriptions effacées par le temps. C'étaient sans aucun doute les reliques indiquées par l'esprit comme placées à droite près du chœur. J'établis le contact entre la médaille que j'avais achetée et le verre de montre : fétiche ou porte-bonheur, elle ne me quittera plus.

Ce résultat décisif qui me laissait espérer des relations sûres n'eut pas de lendemain.

Le premier soin de ce visiteur inconnu fut de cacher sa véritable identité. Il se donnait le nom et la personnalité de Gaston Calmette, la victime d'une vengeance politique retentissante ; mais la signature qu'il traça à l'aide d'un crayon adapté à l'oui-jà ne ressemblait en rien à celle de l'ancien directeur du *Figaro*. C'est encore par une vérification d'écriture que nous dépistâmes les pseudonymes de Victor Hugo, Jeanne d'Arc, Napoléon dont s'auréolait ce mauvais Frigoli pour nous annoncer victoire sur victoire. Pourtant, cet esprit ne manquait pas d'à-propos. Un jour qu'il s'était présenté comme Victor Hugo, je le priai de nous rappeler un de ses alexandrins qui pût s'appliquer à l'une de mes médiums ; et aussitôt de dire : « *Jeanne était au pain sec dans le cabinet noir.* » J'apprends ainsi que Jeanne était le prénom de M^me S.

En se multipliant, nos séances diminuaient d'intérêt. Les connaissances religieuses, philosophiques, historiques de l'esprit Calmette ne dépassaient guère ce qu'on peut attendre d'un gavroche parisien : ses erreurs, ses contradictions glaçaient peu à peu notre confiance ; je finis par le congédier en termes

65

formels : depuis octobre 1916, il se le tient pour dit.

Et cependant, à travers cette gangue de banalités et d'inexactitudes qui forment le fond des communications de cet esprit, on voit briller un petit diamant : c'est l'invention de la médaille de saint Michel.

Alors que les trois seules personnes présentes à la conversation, récemment installées à Nancy, affirment en toute bonne foi leur ignorance du nom du bijoutier Prévot et de l'existence d'un reliquaire minuscule à droite du chœur de la chapelle de Bon-Secours, alors que toutes les indications préalables aux recherches nous ont été fournies sans hésitation par l'oui-jà, on doit reconnaître que cet instrument a tenu ce jour-là le rôle d'un guide intelligent. Du moins, si cette séance du 17 juin 1915 fut pour moi un rayon de lumière au milieu d'une sombre nuit, je n'oublierai jamais que c'est à l'intervention toute spontanée de l'esprit Calmette que je le dois.

Entre temps, j'éprouvai d'autres médiums : mêmes alternatives de frivolités et d'erreurs.

Ces tentatives infructueuses allaient me lasser, lorsqu'un jour de novembre 1915, M. N..., chef d'escadron d'artillerie en retraite, camarade de la Société psychique des plus sympathiques, me confia que la veille, en rentrant chez lui, un concert inopiné de coups, de craquements s'était fait entendre dans son appartement. Ce récit me surprit : l'impotence médiumnique du commandant était notoire; d'un autre côté, sa vigoureuse constitution au service d'une volonté tenace écartait toute hypothèse d'hallucination.

Quelques jours après, on ne pouvait s'y tromper; une médiumnité puissante surgissait chez cet homme de soixante-deux ans : projection de meubles, raps, disparition d'objets, étaient, comme nous l'avons appris plus tard, autant d'appels d'une intelligence invisible voulant se faire connaître; l'hôte inattendu se prétendait le propre beau-frère du commandant, M. Eric, d'origine suisse, décédé en 1913.

J'aurais mauvaise grâce à taire plus longtemps les sentiments de chaude gratitude que je dois à ces deux collaborateurs. Mon ami N... remplit dans ce récit le rôle de grande vedette ; sa puissance médiumnique, une affabilité de tous les instants qui la mettait à ma disposition, autant que les judicieuses réflexions d'un tempérament enclin aux sciences abstraites, constituaient d'incomparables adjuvants sur un terrain que nous explorions tous deux pour la première fois.

Quant à l'esprit Éric, cet autre ami spirituel, dont la bienfaisante intervention nous offrit le plus incroyable témoignage d'identité qui soit jamais venu de l'autre monde, que son nom soit béni ! Grâce à lui, nous avons su et su par nous-mêmes ; grâce à lui, nous pourrons répéter à l'heure suprême ces adieux de Baudelaire :

O mort, vieux capitaine, il est temps, levons l'ancre ;
Ce pays nous ennuie, ô mort, appareillons ;
Si le ciel et la mer sont noirs comme de l'encre,
Nos cœurs que tu connais sont remplis de rayons.

Ce devoir de reconnaissance accompli, j'ai hâte d'aborder franchement le point capital de cette étude : l'identification des esprits.

Ouvrez nos bibliothèques spéciales, elles sont encombrées de messages de génies, d'oracles, de demi-dieux; entrez dans un milieu spirite, vous y trouvez nombre d'heureux mortels qui se louent d'un commerce régulier avec Abraham, Homère, le Christ, Louis XIV, Napoléon, Jeanne d'Arc, etc., etc... Étonnez-vous alors que cet illuminisme de dupes, ne prenant aucun souci de l'état civil de ses correspondants d'outre-tombe, ait fait la part belle aux détracteurs du spiritisme.

Pour être moins choisies, mes relations extra-terrestres, au cours des deux dernières années, n'en ont été que plus sûres.

Du modeste milieu d'ouvriers, employés, petits bourgeois communiquant de l'autre monde, les uns nous répètent propos, pensées, connaissances qu'ils avaient manifestés de leur vivant : simple présomption de l'identité de leur monde et du nôtre;

D'autres, plus puissants ou plus complaisants, appuient leurs dires des attestations

de leurs proches : preuve réelle de la conti-
nuité de leur existence ;

Enfin, échelon culminant, l'une de ces
personnalités nous a laissé sa photographie.

C'est donc en suivant cette marche ascendante, et abstraction faite de tout ordre
chronologique, que je vais rapporter les
plus instructives de nos séances.

Parmi les 148 communications de valeur
inégale dont je fais état, 76 émanent de
l'esprit Eric. Ces 148 entretiens, soit spontanés, soit en réponse à des interrogations,
peuvent se ranger, d'après leur objet, en
quatre catégories.

**42.** — **La première** comprend les prédictions ou pressentiments d'événements
militaires, soit généraux, soit régionaux.
Des 32 prédictions qu'il a été possible de
contrôler, 29 ont été reconnues inexactes.
Les 3 réalisées sembleraient donc de simples coïncidences. Questionné sur ces causes
d'erreurs, dont il était le principal artisan,
l'esprit Eric s'explique ainsi :

*Les désincarnés ne peuvent généralement
donner des dates exactes, parce qu'ils ne*

*connaissent ni temps ni espace. L'évenement aura lieu, c'est cela seulement qui est certain. Il n'y aura pas de campagne d'hiver si vous faites le nécessaire. Une puissance nouvelle entrera dans la lutte, ce qui déterminera l'issue de la lutte dans le sens de la victoire pour les Alliés. C'est sûr. Cette puissance, c'est l'Amérique* (COMMUNICATION, 17 MAI 1916). — *Si, pour la guerre, je vous ai donné des communications inexactes, je reconnais que je peux me tromper. Il ne faut pas en conclure que vous serez vaincus; je vous assure que vous serez victorieux* (COMMUNICATION, 22 DÉCEMBRE 1916).

**43.** — **A la deuxième catégorie se rattachent,** de beaucoup les plus nombreuses, les questions de religion, de science, de destinée de l'homme. Nous relevons constamment en ces matières soit une ignorance absolue du sujet, soit la récitation d'une réponse de catéchisme.

Déjà en 1906, devant un groupe nancéien, l'esprit Cauchy, catholique militant, mort depuis cinquante ans, n'avait pu dépeindre Dieu qu'en des termes imprécis et allégoriques. « *Il fut ébloui, dit-il, par l'éclat de* « *la Toute-Puissance du Créateur, et du* « *Christ éclairant le ciel des splendeurs de sa* « *gloire.* »

Sous quelle forme voyez-vous Dieu ? demandais-je un jour à la mère décédée d'un médium ?

— *Brillant enfant, répondit-elle* (COMMUNI- CATION, 8 AVRIL 1916, ESPRIT CLÉMENCE).

Dans trois communications des 11 mai, 25 septembre, 25 octobre 1916, l'esprit Eric s'exprime d'une manière aussi confuse sur le ciel et Dieu : « *Je suis plongé, essaie-t-il* « *d'expliquer dans une lumière dont vous ne* « *pouvez vous faire une idée. — Le séjour* « *où je suis est resplendissant de lumière.* « *La vie est merveilleuse ici. — Je peux voir* « *Dieu dans sa magnificence; il n'a pas une* « *forme concrète. C'est une lumière merveil-* « *leuse qui luit dans tout l'univers. Rien n'é-* « *chappe à son action.* »

Bien plus, à propos de la réincarnation, l'esprit Eric se contredit lui-même dans les deux messages suivants :

« *Il peut se faire que l'âme ait vécu avant*

« *de venir sur la terre; mais rien ne le prouve.*
« *C'est un secret qui ne nous a pas encore été*
« *dévoilé. Adam est une fiction qui personnifie*
« *l'espèce humaine, et c'est tout.* » (COMMUNI-
CATION, 9 MAI 1916.) — « *Quand nous nous dé-*
« *sincarnons, nous conservons les défauts et*
« *les qualités de notre vie terrestre, la der-*
« *nière. Nous voyons alors les défauts que*
« *nous avions dans les vies précédentes.* » (COM-
MUNICATION, 19 SEPTEMBRE 1916.)

Sur les origines de l'homme, Calmette ne
peut que répondre : « *C'est très compliqué!* »
Si on lui parle de Dieu, du Christ, de l'âme,
il est encore plus bref en disant : « *Chut! mys-*
*tère, discrétion.* »

L'électricité et le magnétisme furent l'objet d'un entretien de l'esprit Eric : « *Les*
« *fluides, dit-il, tirent leur origine du fluide*
« *universel ou cosmique. Ils se réduisent à*
« *deux seulement, la chaleur et l'électricité. Le*
« *fluide magnétique est de l'électricité trans-*
« *formée. Cette transformation se fait rapi-*
« *dement sous l'influence des ondes exté-*
« *rieures à l'atmosphère terrestre. Le ma-*
« *gnétisme humain est différent du magnétisme*

73

« *terrestre sans doute, mais il a une origine*
« *semblable.* » (COMMUNICATION, 23 MAI 1916.)

Interrogé sur le mode de reconnaissance
entre les esprits, Eric s'exprime ainsi :
« *Nous nous reconnaissons par notre pensée ;*
« *la pensée nous pénètre de loin.* » (COMMUNI-
CATION, 11 JUIN 1916.)

**44. — Dans la troisième catégorie**
se classent les renseignements donnés sur
des faits variés : avis de mort, diagnostic
médical, incidents de la vie familiale inconnus de l'assistance, etc. Sur dix-neuf faits
signalés, quatre seulement ont été reconnus
inexacts. Ces avis et conseils témoignent
d'une marque de sympathie ou d'un sentiment d'affection de la part de l'esprit à
l'égard de ceux qu'il renseigne. En voici
deux exemples :

? Qui êtes-vous,
— *Le soldat Georges, toujours vivant.*
(REMARQUONS CETTE EXPRESSION DE VIVANT
EMPLOYÉE PAR UN DÉSINCARNÉ.)

? D'où êtes-vous,
— *D'un village, près de Nancy.* (REFUS
DE DONNER D'AUTRES INDICATIONS.)

? Comment êtes-vous mort,

(QUESTION RÉPÉTÉE PLUSIEURS FOIS AVANT D'OBTENIR CETTE RÉPONSE.)

— *Le 17 février 1915, j'ai été enseveli par l'explosion d'une marmite.*

Quelques jours après, l'une des personnes présentes à la séance apprenait d'une de ses amies, mère du soldat Georges, qu'une lettre du front venait d'annoncer à la pauvre femme qu'on avait retrouvé le cadavre de son fils sous un bouleversement de terre provoqué par un obus (COMMUNICATION, DÉCEMBRE 1915).

**45.** — L'autre fait est une des meilleures cures dues à l'intervention d'Eric dans les maladies nerveuses.

La petite fille d'un de mes amis, habitant la campagne, Juliette H..., souffrait depuis quelques semaines de crises nerveuses qu'on ne pouvait, à l'âge de vingt et un mois, imputer au travail de la première dentition, normalement terminée. Le médecin local ne parvenant pas à les conjurer, on me pria de mander un spécialiste de la Faculté de

Nancy; il était en congé de Pâques. L'idée me vint alors de recourir au diagnostic et à l'influence de notre ami Eric. Voici en un seul contexte ses trois consultations des 24, 26 et 27 avril 1916.

? Eric, es-tu là,

— *Oui.*

? Veux-tu et peux-tu rendre à M. Thiébault le service de guérir sa petite amie,

— *Oui.*

? Eh bien, va à V...; tu y verras une petite fille de vingt et un mois qui, depuis le 14 mars, est atteinte de crises nerveuses probablement étrangères à la dentition.

Deux jours après.

? La santé de la petite Juliette s'est-elle améliorée,

— *La petite fille va un peu mieux.*

? Se produira-t-il encore des crises,

— *Il pourra y avoir peut-être une petite crise, mais elle ne sera pas dangereuse ; je suis content du résultat obtenu.*

Le lendemain.

? Peux-tu me faire connaître la cause de ces crises,

— *C'est une maladie uniquement voulue : frayeur.*

A la vérité, une dernière crise très atténuée survint le 30 avril suivant, et, depuis lors, l'enfant jouit d'une santé parfaite.

**46.** — **La quatrième catégorie** de communications se compose de fréquentes exhortations à la pitié, à la fraternité, dont, par la pratique, ils nous donnent de constants exemples, en veillant sur leurs amis.

? Que faites-vous en ce moment, demandais-je un jour à un nouveau visiteur,

— *A Renoult, Vosges; veille notre famille* (COMMUNICATION, 4 JUIN 1915, ESPRIT CLÉMENCE).

Quelques jours après la mort de M. B..., architecte à Nancy, l'esprit Thérèse disait aux époux C..., ses enfants :

« *Nous sommes allés au-devant de M. B...;*
« *sa mère a été bien heureuse de le revoir. Il*
« *lui sera tenu compte de ses souffrances. Il*

77

« *était bon et honnête ; il ne restera pas long-*
« *temps dans le trouble ; il pourra commu-*
« *niquer avec les siens ; vous l'aiderez, si*
« *c'est nécessaire.* » (COMMUNICATION, 12 MARS
1915.)

? Qu'entendez-vous par mauvaise pensée (Expression employée par Eric dans une communication
précédente),

— « *J'entends toute pensée qui est dirigée*
« *contre le prochain, qui est contraire à*
« *l'amour, à la fraternité que les hommes*
« *doivent avoir les uns pour les autres.* » (COM-
MUNICATION, 9 AOUT 1916.)

Désire-t-on l'expression d'une plus grande
intimité entre le communiquant et les consul-
tants? Lisez ces souhaits de fête apportés
à M. C... par son grand-père Maurice et sa
tante Alexandrine :

« *Je viens tout attristé, mon pauvre gamin*
« (M. C... EST AGÉ DE CINQUANTE ANS) *te souhaiter*
« *une bonne fête ; toute la famille se joint à*
« *moi pour t'embrasser. Si tu voyais notre*
« *pauvre Rethel, tu serais bien affligé ; nos*
« *deux maisons sont en bas ; tu iras voir cela,*

78

« *adieu.* — *Je pense toujours à toi, mon*
« *grand; soyez sans crainte, il ne vous arri-*
« *vera rien de mauvais.* » (COMMUNICATION,
17 MARS 1916.)

S'il résulte des citations sommaires des
première et deuxième catégories (**42, 43**),
que le fait du passage d'un monde dans
l'autre n'a pas élargi le champ des connaissances de ceux qui se disent nos aînés, il
semble aussi que ce changement d'état ne
les libère pas de certaines tares humaines,
comme la jalousie et la susceptibilité. Le
31 mai 1916, je demande à l'esprit Calmette.

? Connais-tu l'esprit Eric,
— *Il est fou.*

? Pourquoi traiter ainsi un esprit *supérieur;*
— *Parce qu'il me déplaît.*

Le 13 septembre 1916, à la fin d'une
séance où un mot gouailleur avait ridiculisé
l'allure un peu brusque de la planchette, je
priai Calmette de prendre congé des dames
présentes par quelques mots aimables,
comme il avait pris l'habitude de le faire.

La planchette répondit en un style rapide :
« *Pas le moindre regret de vous quitter !* »

Je pourrais même pousser plus loin la comparaison des mentalités de l'Ici-bas et de l'Au-delà. Des esprits ayant conservé contre la religion de leur enfance les préventions d'une grossière éducation, la traduisent en des termes d'une trivialité vulgaire ; certains autres prétendent subir et faire partager les atteintes des passions de leur vie terrestre. Des motifs de haute convenance m'interdisent tout commentaire à ce sujet. Ces pensées de bas étage n'auraient d'ailleurs d'autre intérêt que de montrer, comme tout ce qui précède, qu'**entre les esprits et les vivants il n'y a, au point de vue intellectuel ou moral, rien de changé.**

Interrogez d'une part le mineur de Courrières (**50**) ou le savant Cauchy (**49**), écoutez d'autre part les conversations de l'atelier ou les aperçus religieux d'un pratiquant, pesez même le bagage scientifique, historique de notre Jacques Bonhomme en son sillon lorrain, en deçà et au delà de la tombe, ce sont les mêmes pensées, les mêmes erreurs, les mêmes contradictions, preuve convaincante que ces deux mondes n'en font qu'un.

Mais cette preuve va bientôt devenir une réalité perceptible à nos sens.

Nous sommes arrivés en effet au point le plus élevé de ce travail : l'exposé des preuves matérielles de l'identité des esprits.

Un de nos philosophes les plus connus m'écrivait en 1915 : « Il ne suffit pas de « montrer qu'une individualité apparente se « manifeste qui semble distincte de celle de « tous les assistants, il faut encore montrer « que cette individualité est bien réellement « distincte de celle de tous les assistants. »

Je n'avais à cette époque pour lui répondre que le fait de l'invention de la médaille de saint Michel (**41**). Comme identification, c'était plutôt faible. Mais aujourd'hui, grâce aux travaux de mes devanciers que j'ignorais alors (*Bulletin de la Société psychique de Nancy,* années 1906 et 1907), grâce à la collaboration de l'esprit Eric et de mon ami le commandant N..., j'en ai les mains pleines. En cette matière, la qualité importe plus

81

que le nombre; je me borne donc à distraire de cette gerbe impressionnante quelques faits plus lumineux qui se présentent dans un ordre d'intérêt croissant.

Mais auparavant, j'insiste à nouveau sur une distinction d'une extrême importance. Alors que le chapitre III des hypothèses scientifiques explicatives n'envisage que des phénomènes de transe obtenus hors de la vie normale des médiums, à l'aide d'une hypertension nerveuse qui peut lui être fatale, **les faits sur lesquels s'appuie la théorie spirite du chapitre V viennent de médiums éveillés, affranchis de toute pression magnétique ou hypnotique, s'entretenant familièrement soit avec l'esprit, soit avec l'assistance.**

Séance du 10 novembre 1915.

Le médium écrit :

**47.** — *Je suis Fayot, je suis mort. J'étais ferblantier à Lille; les Allemands sont chez* nous; mais ça, c'est du gâchis, c'est du vrai gâchis.

? Depuis quand êtes-vous mort,

— *Il y a quatre ans.*

? Avez-vous des enfants,

— *Oui, quatre enfants.*

? Où sont-ils,

— *Ils sont à Lille; sauf mon Auguste. Il a été emmené en Allemagne.*

? Où habitez-vous à Lille,

— *J'habitais rue de la Poste, n° 17; j'étais ferblantier.*

? Quel âge ont vos enfants,

— *L'Auguste a dix-sept ans, le Marcel treize, la Louise huit et le Julot quatre.*

? Où est l'Auguste,

— *Il est en Allemagne à Ingolstadt avec la maman, la Marie Pourcinet.*

? Qui était votre femme, la Marie Pourcinet,

— *C'était la fille d'un gros cultivateur noir de Lens.*

? Que deviennent vos enfants à Lille,

— *Ils sont maltraités et ils crèvent de faim. Tâchez de les délivrer, les pauvres!*

? Serons-nous victorieux,

— *Oui, les Allemands partiront dans trois mois ; c'est long à serrer son ventre. Oui, tâchez de les délivrer ; ça me fend le cœur, ils crèvent de faim, ils sont à la ration congrue.*

? Les parents de votre femme sont-ils morts,

— *Oui, ils sont décédés. Feu Pourcinet est avec moi ; il partage ma douleur, ça me fait du sang bleu ; oui, enfin, que voulez-vous, on se force une raison.*

? Que va-t-il se passer dans les Balkans,

— *La Russie va donner son concours dans quinze jours ; ils se briseront et seront brisés depuis deux mois.*

? Sera-ce la fin de la guerre,

— *Non, pas avant six mois, en avril ; oui, ils seront battus en Serbie, mais ils tiendront ferme sur d'autres points* (LACUNE D'ÉCRITURE)... *insignifiant... je me sens déjà un ami, je reviendrai.*

Arrêt de quelques minutes et changement d'écriture, puis le médium continue :

« *Fayot a quitté ces lieux ; c'est moi,*
« *Brunet. Je subis votre attraction et je suis*

« *fort en fluide. Je vois des esprits, mais qui*
« *ne peuvent se manifester, car le fluide*
« *qu'ils possèdent est trop affaibli par un*
« *usage trop fréquent avec vous. Mais je vois*
« *qu'ils vous touchent de près; mais malgré*
« *leur bonne volonté, ils ne peuvent se mettre*
« *en rapport avec vous, leur fluide étant usé.*
« *Leur présence se fera donc moralement*
« *sentir. Je voudrais vous renseigner au sujet*
« *de Fayot...* (LACUNE)... *c'est un esprit*
« *simple qui n'a pas recouvré toute sa luci-*
« *dité... je les affirme assez justes. J'ai en*
« *vous assurant notre protection à vous pré-*
« *cher... événements heureux.* »

Brunet se retire comme Fayot; nouvel
arrêt momentané, nouvelle écriture, le médium reprend. « *Mes enfants, ne craignez pas*
« *ma venue; elle est toute paternelle. Je veux*
« *être votre guide, car une attraction intense*
« *ne peut me détacher de ce lieu sympathique.*
« *Mes chers enfants, qui voyez ces sombres et*
« *sanglantes journées, la lumière est voilée*
« *par de sombres nuages et l'horizon ne peut*
« *encore se révéler à vous. Il faut que par la*
« *grâce divine vous...* (LACUNE)... *faire taire*

85

« vos angoisses et ne pas deviner... et ses
« secrets.

« Sachez attendre, espérez et... sachez que
« dans vos tristes jours des prières ardentes
« sorties même des bouches les plus souillées...

« Voilà, mes chers enfants, le seul remède
« qui puisse atténuer votre douleur et apaiser
« en vos cœurs de douloureuses blessures...
« Des êtres spirituels planent sur notre pla-
« nète, mais le drame gigantesque qui l'ensan-
« glante ne peut les émouvoir... le Révérend. »

Tout l'intérêt de cette triple communication se porte sur les déclarations de Fayot,
mais elles ne peuvent entrer en ligne de
compte qu'après leur vérification, c'est-à-
dire après la libération de Lille envahie.
Elle est encore remarquable par la forme et
le fond de ce langage si différent entre les
trois désincarnés.

L'écriture du ferblantier est grosse, irré-
gulière ; c'est la main d'un bras alourdi. Ses
plaintes sont singulièrement caractéristiques.
Brunet appartient à un niveau intellectuel
plus élevé ; son écriture se distingue par la
finesse et la régularité des caractères. Quant

au message du Révérend, il est regrettable que l'état de nervosité de la main du médium, qui s'accusait légèrement sous la dictée Brunet, se soit tellement aggravé que certaines parties de cette exhortation littéraire nous échappent complètement. Les premières lettres de chacun de ses mots dénotent une main habituée à la rédaction ; les autres se transforment en un long trait nerveux, illisible. Mais quelle distance entre les angoisses paternelles de Fayot et les conseils du Révérend !

Les procès-verbaux qui vont suivre me semblent entièrement démonstratifs ; le discrédit immérité attaché à la qualification de spirite imposa à leurs rédacteurs une réserve discrète due à leur situation officielle ; aussi le Comité nancéien de la Société psychique s'est-il porté garant de leur honorabilité, quelques-uns de ses membres ayant assisté aux séances.

### Séance du 7 juin 1906.

**48.** — ? Qui êtes-vous,
— M^me *Duchêne, institutrice.*

87

? Ou avez-vous été institutrice,

— *Dans la Marne.*

? Quelle commune,

— *Inutile.*

? Pourquoi ne pas répondre à la question,

— *Je vous ai dit l'essentiel.*

? Où êtes-vous morte,

— *Vendresse (Ardennes), soixante-dix-huit ans.*

? Il y a combien de temps,

— *Deux ans et demi.*

? De quelle maladie,

— *Usée.*

? Vous nous autorisez à écrire au maire,

— *Même, je le désire.*

? Pourquoi le désirez-vous,

— *Pour prouver l'exactitude de ce que je vous ai dit.*

? Ne pourriez-vous pas nous donner d'autres preuves,

— *Je dois observer certaines limites.*

? Par qui sont-elles tracées, ces limites,

— *Esprits supérieurs.*

? Au pluriel ou au singulier,

— *Au pluriel.*

88

De votre vivant, croyiez-vous à l'immortalité de ces esprits,

— *Non.*

? Et maintenant,

— *Je sais.*

? Vous avez été sans doute étonnée en vous retrouvant dans l'Au-delà,

— *Oui.*

? Qu'avez-vous éprouvé après votre mort,

— *D'abord, je me suis sentie comme étourdie.*

? Combien de temps cet étourdissement a-t-il duré,

— *Quelques semaines.*

? Quand vous avez pris connaissance de votre situation, qu'avez-vous ressenti,

— *Une sensation de délivrance.*

? Vous êtes heureuse,

— *Oui.*

? Avez-vous retrouvé ceux que vous aviez perdus,

— *Oui.*

? Tous,

— *Oui.*

Le 8 juin 1906, M. X..., rapporteur, a prié le maire de Vendresse de lui faire connaître si M^me Duchêne était toujours vivante ; voici la réponse :

« Monsieur, en réponse à votre demande, j'ai « l'honneur de vous informer que M^me veuve Du-« chêne, née Bretagne, est décédée à Vendresse, le « 7 septembre 1903, et qu'elle a légué toute sa for-« tune à M. L..., ancien instituteur. »

*Le maire :* BOUNIN.

Les derniers mots de cette lettre indiquent bien que le maire de Vendresse ignorait le véritable motif de l'intérêt que la Société portait à la défunte.

### Séance du 2 novembre 1906.

49. — ? Qui êtes-vous,

— *Augustin Cauchy.*

? Pourriez-vous compléter votre nom par quelque indication pouvant nous permettre de constater votre identité,

— *Beatus qui intelligit super egenum et pauperem.*

? Est-ce une maxime,

— *C'est l'épitaphe gravée sur ma tombe.*

90

? Voudriez-vous nous la traduire,

— *Heureux celui qui comprend le pauvre et s'apitoie sur l'infortune.* (A NOTER QUE LE MÉDIUM NE CONNAIT PAS UN MOT DE LATIN.)

? C'est l'épitaphe d'un homme de bien. Mais votre tombe, où est-elle,

— *Au cimetière de Sceaux, sur la route ombragée de marronniers qui conduit au coteau de Plessy-Piquèt.*

? Vous êtes mort, il y a longtemps,

— *Il y a cinquante ans.*

? Pouvez-vous nous indiquer la date exacte de votre décès,

— *Oui, le 17 mai 1857.*

? Quelle était votre profession,

— *Durant toute ma carrière, j'ai traversé bien des péripéties.*

? Vous aviez cependant une occupation favorite,

— *La science.*

? Vous étiez peut-être professeur,

— *Oui.*

? Où,

— *A la Sorbonne.*

? Êtes-vous dans une des trois situations que

l'Église admet après la mort : au ciel, au purgatoire ou en enfer,

— *Mais, je suis au ciel.*

? Voulez-vous dire que vous êtes dans l'état d'âme qui correspond au ciel, ou bien que vous êtes dans le ciel,

— *Dans le ciel.*

? Alors vous avez vu Dieu,

— *Oui.*

? Pouvez-vous le décrire,

— *Cette description est impossible. J'ai été ébloui par l'éclat de la Toute-Puissance du Créateur.*

? Ce spectacle éblouissant que vous ne pouvez définir, qui vous dit qu'il renfermait Dieu,

— *J'ai vu, vous dis-je. J'ai vu le Christ éclairant le ciel des splendeurs de sa gloire, le verbe divin en son humanité.*

? Vous avez pu voir un personnage fluidique dans une atmosphère lumineuse ; mais comment avez-vous reconnu le Christ,

— *Comment le méconnaîtrais-je ? C'est mon sauveur, lui qui s'est abaissé jusqu'à nous.*

M. X... écrit le lendemain au conservateur

du cimetière de Sceaux; voici les renseignements fournis :

Sceaux, le 9 novembre 1906.

En réponse à votre lettre du 3 courant, j'ai l'honneur de vous faire savoir que j'ai fait rechercher dans le cimetière la sépulture Cauchy, et que j'y ai relevé l'épitaphe suivante, gravée sur la pierre tombale et dont je vous transmets l'exactitude.

*Augustin Louis*
*Baron de Cauchy*
*décédé à Sceaux le 23 mai 1855*
*Beatus qui intelligit*
*super egenim et pauperem.*

NOTA. — Cette sépulture abandonnée est dans un état déplorable, envahie par les herbes. Il a fallu la nettoyer pour permettre de vous adresser le renseignement sollicité par vous.

Signé : VINCENT.

Serait-ce à cet état de vétusté qu'il faudrait attribuer la non-concordance de la date du décès donnée par l'esprit et celle relevée sur la tombe?

Quelques jours après, nouvelle séance avec guéridon, même médium, même assistance.

— 93 —

**50.** — ? Comment vous nommez-vous,

— *Ruhlmann.*

? Où êtes-vous né,

— *A Saint-Hilaire.*

? A Saint-Hilaire-au-Temple,

— *Non, Allier.*

? Où êtes-vous mort,

— (VIOLEMMENT) *Courrières.*

? Dans la catastrophe,

— *Oui.*

? Vous étiez donc mineur,

— *Oui, les aristos ne se cassent rien.*

? Votre corps a-t-il été retrouvé,

— *Oui.*

? Où avez-vous été enterré,

— *Saint-Hilaire. Le corbeau n'a pas eu ma peau.*

? Vous devez vous tromper. Les obsèques des victimes ont eu lieu à Courrières et la cérémonie a eu lieu à l'église,

— *J'ai été enterré civilement.*

? Où,

— *A Saint-Hilaire; à bas la calotte!*

? Quelqu'un a dû prendre la parole sur votre tombe,

— *Il y a eu de chics discours.*

? Pourriez-vous me dire le nom des orateurs qui les ont prononcés,

— *Le citoyen Delacour, le citoyen Panaud, le camarade Martin, le camarade Gilbert.*

? Avez-vous souffert longtemps après la catastrophe.

— *J'ai été tué net.*

? Qu'avez-vous dit en vous retrouvant encore vvant après la mort,

— *J'ai dit : il y avait donc quelque chose dans la carcasse.*

? En avez-vous été satisfait,

— *J'ai dit, nom de D..., je vas avoir des rentes.*

? Ainsi vous êtes heureux,

— (FAIBLEMENT) *Je suis plus bon à rien.*

? Vous aimeriez mieux encore être dans la mine,

— *Non, debout ! les damnés de la terre.*

Et la table reproduit par coups violemment rythmés l'air de l' « Internationale ».

L'un des assistants s'est chargé de l'enquête du contrôle.

Voici ce que le maire de Saint-Hilaire a répondu :

« Le nommé Ruhlmann Francisque, décédé à
« Courrières, lors de la catastrophe, a été enterré à
« Courrières religieusement ; et, un mois après, ses
« cendres ont été ramenées à Saint-Hilaire, où il a
« été enterré civilement. A la cérémonie, il a été
« prononcé trois discours : 1° par M. Panaud, con-
« seiller général et maire de Buxières-les-Mines ;
« 2° par M. Delacour, maire de Saint-Hilaire ; 3°
« par M. Martin, délégué mineur. »

Arrivés à ce premier palier, demandons-nous quelle part ont pu prendre l'inconscient et la conscience collective à l'entrée en scène dans le même cercle privé et à quelques jours d'intervalle d'un catholique militant décédé en 1857 et d'un anarchiste avéré, dont les noms, les familles, les lieux d'origine étaient ignorés des personnes présentes. La réponse est évidemment négative.

En outre, le lrappe de l'épitaphe moussue et illisible du professeur Cauchy ne témoigne-t-elle pas que l'individualité apparue est bien réellement distincte du groupe du médium et des assistants?

Cependant les virtuoses de la critique ne désarment pas. Dans son ouvrage *La Mort*, M. Maeterlinck écrit :

« Il importe de ne point s'écarter de cette règle « inflexible : il y a transmission de pensée, dès « qu'il n'est pas absolument et matériellement im- « possible que le sujet ou quelque personne de « l'assistance ait connaissance du fait en question. »

Il me faudrait donc prouver, pour con-vaincre le grand écrivain belge, que jamais aucune des huit personnes de l'assistance n'a copié ou fait copier l'épitaphe Cauchy au cimetière de Sceaux. Or, M. Maeterlinck peut-il prouver qu'il n'est jamais allé au pôle? évidemment non; par cette simple raison qu'en métaphysique comme en juris-prudence, la preuve négative ne peut se faire. La vérité et le droit n'en existent-ils pas moins?

**51.** — Cependant les élégantes subtilités du sévère philosophe vont plus loin et attei-

gnent même les limites de l'hypercritique lorsqu'il dit, page 168 du même ouvrage :

« Il est encore possible que quelqu'un qui n'as-
« siste pas à la séance, qui en est même fort éloigné,
« mis en communication d'une façon inconnue avec
« le médium, le suggestionne à distance et à son
« insu. »

Loin de reculer devant cette affirmation d'ailleurs toute gratuite, le spiritisme en appelle au témoignage de trois personna-lités, qui met la transmission de pensée, d'où qu'elle vienne, en bien mauvaise pos-ture. Non seulement, au désir de M. Maeter-linck, ces personnalités n'assistaient pas à la séance, non seulement elles en étaient fort éloignées, mais, étant mortes depuis plus d'un siècle, on ne peut les suspecter d'être entrées en communication avec le médium par aucun lien vivant. Du coup, disparaît l'hypothèse explicative la plus chère à la philosophie contemporaine.

Séance du 15 juin 1906.

**52.** — ? Qui êtes-vous,
— *Jean de Boutary.*

? Où habitez-vous,

— *J'ai vécu sous la Régence.*

? Quelle était votre principale occupation,

— *Je fréquentais la haute société.*

? Qui fréquentiez-vous,

— *Le cardinal Dubois.*

? Et le peuple, le fréquentiez-vous,

— *Je ne connaissais du peuple que les jolies filles.*

? Où êtes-vous né,

— *A Montauban.*

? Avez-vous des descendants,

— *Oui, mais ils ne portent pas tout à fait mon nom. Ils s'appellent Dubois de Boutary.*

? Et où demeurent-ils,

— *A Montech (Tarn-et-Garonne).*

A la demande de renseignements, le maire de Montech répond :

« Monsieur, il existe à Montech deux familles du
« nom de Boutary ; l'une, de Lafon de Boutary ;
« l'autre, Dubois de Boutary. Je crois bien que la
« famille de Lafon de Boutary est sortie de Mau-
« tauban ; mais celle de M. Dubois de Boutary doit

« être, si je ne me trompe, originaire de Montech.
« Ces deux familles ont des représentants dans la
« commune. »

Veuillez, etc.                    Signé : ILLISIBLE.


## Séance du 25 avril 1907.


**53.** — ? Qui êtes-vous,

— *Yves Dahéron, chouan.*

? A quelle date êtes-vous décédé,

— *En 1798.*

? Pourriez-vous nous dire si vous avez laissé des descendants,

— *Attendez, Monsieur ; j'ai souvenance en avoir en Vendée.*

? A quel endroit,

— *Aux Brouzils.*

? Qu'est-ce que c'est que Les Brouzils,

— *Je croirais un hameau.*

? Pourriez-vous nous faire connaître les noms de ces descendants,

— *Il y a la femme et beaucoup de petits marmots. Les derniers petits sont le Jean et le Joseph. Il y a aussi l'Hélène, la Marie, la Gabrielle, la Calixte. Il ne faut pas leur faire des embêtements en leur parlant bouche à bouche. Faut pas qu'ils sachent que je suis venu, ça troublerait leur religion. Ils sont craintifs.*

## CONTRÔLE OFFICIEL.

En réponse à votre lettre du 26 avril, j'ai l'honneur de vous informer que la famille Dahéron, dont vous me citez le nom de différents enfants, doit être, d'après les renseignements qui m'ont été fournis, une famille de cultivateurs qui a habité autrefois Les Brouzils, au village de La Caillaudière-aux-Tirauds, commune de Saint-Sulpice-le-Verdon, par L'Herbagement (Vendée); le père se nomme Jean.

Veuillez, etc.

*Le Secrétaire de la mairie*, ARNOU.

Saint-Sulpice-le-Verdon, le 6 mai 1907.

Il est exact que la famille Dahéron habite la commune de Saint-Sulpice-le-Verdon, hameau de La Caillaudière-aux-Tirauds. Le père se prénomme Jean et les enfants, au nombre de huit, Calixte, Marie, Hélène, Athanase, Clotilde, Jean, Joseph et Gabriel. Cette famille est bien venue de La Boutaire des Brouzils.

Signé : ILLISIBLE, instituteur à Saint-Sulpice.

L'esprit avait omis les prénoms d'Athanase et de Clotilde.

## Séance du 7 mars 1913.

(Quelques noms propres ne sont désignés dans cette relation que par leur première lettre, pour éviter toute indiscrétion à l'égard de personnes encore vivantes.)

**54.** — ? Qui êtes-vous,

— *Je me nomme Chabert; je vivais, il y a deux siècles.*

? Avez-vous des descendants,

— *Oui, ils habitent G... Ce sont mes petits-neveux. Celle que j'ai suivie le plus près est ma petite-nièce. Je la protégeais, mais elle est morte, et je puis vous indiquer sa tombe.*

? Comment se nommait-elle,

— *Elle s'appelait Marie-Augustine C...*

? Était-elle mariée. Si oui, comment s'appelait son mari,

— *Paul B... Il est commis des postes à G...*

? Depuis combien de temps votre arrière-petite-nièce est-elle décédée,

— *Il y a environ trois ans. Je n'ai pas*

encore la notion précise du temps. Elle habitait, à l'école du Nouveau Jardin, une école maternelle.

? Quel âge avait-elle, lors de son décès,

— *Quarante-trois ans, je crois.*

? De quoi est-elle morte,

— *Elle a souffert longtemps : je vois surtout le ventre malade.*

? Avait-elle des frères et sœurs,

— *Oui, mais je ne les vois plus. Je vais surtout vers la tombe.*

? Comment est cette tombe,

— *C'est une pierre très simple, très sobre, placée debout. Voici à peu près l'inscription: Marie-Augustine C..., femme B..., décédée dans sa quarante-troisième année.*

? Est-ce à G..., qu'elle est enterrée,

— *Non, à Chatte.*

? Faites un effort et parlez-nous des frères et sœurs de Marie-Augustine,

— *Il y a Élie, il est à Lans. Il y a aussi Isabelle, elle n'est pas mariée ; elle est institutrice dans une localité dont le nom est composé. Il y a Naud, c'est un parent. Il y a*

*Eugène-Henri C..., il y a aussi un chanoine ; c'est des gens très bien. Cela me fait du bien, quand je parle d'Augustine, car je trouve le temps long, des fois, après elle. Ce n'est pas que je m'ennuie, j'ai assez d'occupations.*

? Veuillez donc revenir,

— *Cela n'est pas de refus, je reviendrai si je peux. Il faut que vous pensiez tous à Augustine pour hâter sa libération. Vous direz au gardien du cimetière de mettre des fleurs sur sa tombe, car elle les aimait bien.*

A d'autres questions, l'esprit répond :

— *Vous n'avez pas besoin de tout cela pour mettre des fleurs sur sa tombe.*

### DOCUMENTS DE CONTRÔLE

1° L'acte de décès de la ville de G... porte que Marie-Augustine C... est décédée à G... le 7 juillet 1911 ;

2° D'après les renseignements fournis par la mairie de Chatte, la pierre tombale est debout sur un caveau ; cette pierre porte l'inscription suivante : « Madame Paul B...,

« née C..., directrice de l'école maternelle
« du Jardin de ville à G..., 1867-1911 »;

3° Elle avait deux frères : Élie, propriétaire à Lans, commune du Villard-de-Lans, et Amédée, agent voyer à V... Elle avait trois sœurs : Isabelle, religieuse ursuline laïcisée, institutrice à La B..., près V...; Sophie, femme Naud, propriétaire à B...; Eugénie, mariée à Henri C..., son cousin germain ;

4° La Société de Nancy s'est procurée le bulletin de mariage à la mairie de Saint-M... des époux B... et C...;

5° On connaît à G... un chanoine du nom de Chabert;

6° Dans une lettre du 26 juin 1913, M. B... confirme en tous points les dires de Chabert. Sa lettre se termine par ces mots d'une grande élévation de pensée :

« Je ne saurais assez vous remercier de la com-
« munication si intéressante que vous avez bien
« voulu me faire concernant une manifestation spi-
« rite à Nancy d'un arrière-grand-oncle de ma
« pauvre femme; non seulement je n'en suis pas
« contrarié ni inquiété, mais je désirerais très vive-
« ment être informé de toute manifestation sem-
« blable, si elle devait se reproduire.

« D'où venons-nous ? Où allons-nous ? questions
« angoissantes que tout être humain se pose dès
« que son cerveau est susceptible de penser, et se
« pose en vain. Mais l'âpre lutte pour la vie nous
« arrache au rêve ; un autre fait brutal est là : il
« faut vivre avant d'être philosophe. C'est pourquoi
« de trop rares personnes peuvent s'adonner à ces
« études. »

Ainsi donc, il a suffi de quelques paroles
d'un roué de la Régence pour crever comme
bulles de savon ces thèses de satanisme, de
personnalités secondes, de transmission de
pensée. Il a suffi de la visite d'un chouan
pour déchirer le rideau qui sépare l'Ici-bas
de l'Au-delà et pour édifier sur une jonchée
de croyances, d'hypothèses et de systèmes
un phare d'un éclat éblouissant.

De telles conquêtes expérimentales ne
pouvaient qu'exciter le concours bienfaisant
de l'esprit Eric, la médiumnité de mon
ami N..., l'ardeur de mes recherches. Un
succès **unique** dans les annales spirites a
couronné cette triple émulation.

**Unique, je le répète ; car, je ne
sache pas qu'aucun esprit ait pris
soin jusqu'alors de signer son certi-**

ficat d'identité en reproduisant lui-même sa propre image, sans aucun appareil ; qu'aucun ait jamais donné à ce geste la portée d'un enseignement magistral en fournissant, avant, pendant et après le phénomène, les détails les plus circonstanciés sur son évolution.

Voici la copie des notes rédigées au cours de cette expérience invraisemblable.

**55. — 9 avril 1916. —** Le commandant N..., médium, se procure chez un photographe de Nancy, en lui laissant ignorer l'usage qu'il en veut faire, une plaque sensible vierge, entourée d'un papier noir et enfermée dans une boîte de carton hermétiquement close.

**Du 9 au 26 avril. —** Le médium tient chaque jour, pendant vingt minutes environ, la boîte entre ses mains croisées.

**24 avril 1916. —** On interroge Eric.

? L'opération réussira-t-elle,

*— Je crois qu'il y aura une image d'un esprit sans pouvoir te l'affirmer sûrement. Il*

*y a des chances pour que cela soit moi. J'ai cherché à fixer mon image dessus sans peut-être y être arrivé. Rôdeurs (Expression familière à Éric pour désigner les esprits errants) sont venus sans que j'aie pu les en empêcher. Ils ont pu laisser leur image à la place de la mienne. Je crois qu'il y aura simplement une buée produite par ton fluide. Ce sont les images qui sont le plus probable.*

**26 avril 1916.** — Nouvelle interrogation.

? Peux-tu nous dire ce que nous verrons sur la photographie,

— *La plaque me représente sur mon lit de mort.*

? Pourquoi nous donnes-tu cette image,

— *Parce que tu m'as vu la dernière fois ainsi.*

**27 avril 1916.** — La première épreuve est apportée à la réunion hebdomadaire du jeudi. Sans jeter les yeux sur une photographie d'Éric, de quelques années avant sa mort, remise par le commandant N..., comme pièce de comparaison aux personnes pré-

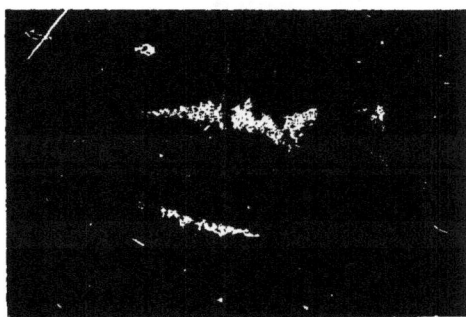

Reproduction photographique du profil d'Eric
sur son lit de mort.

Questionné sur la cause du bandeau noir qui sectionne la tête, Eric répond que cette tache a été produite par le fluide du médium (COMMUNICATION, 2 AOÛT 1916).

NOTE. — L'auteur aurait voulu, en témoignage de l'identité des deux images, faire figurer en regard de ce cliché la reproduction de la photographie d'Eric, quelques années avant sa mort. Le médium la lui avait promise ; mais, au moment de la remettre, il eut la malencontreuse idée de consulter l'original ; celui-ci répondit par un veto énergique. Quelques jours après, sur de nouvelles instances, Eric explique ainsi son refus :

*J'ai de l'aversion pour tout ce qui est spectacle ; je veux passer inconnu à tout ce qui n'est pas ma famille ou intime. Je ne veux pas que ma photographie sorte sans raison de la famille ; sans mes idées arrêtées sur la famille, je serais consentant. Il est donc inutile d'insister plus.*

sentes, et qui, pas plus que moi, n'avaient jamais vu Eric, je décris ainsi le cliché : « Profil d'une tête paraissant enfouie dans « un oreiller, longue barbe en éventail, « bouche entr'ouverte sous une moustache « épaisse, nez long légèrement busqué, front « haut, forte chevelure ébouriffée; en un « mot, ressemblance non contestée des deux « images. »

Nous prions alors l'esprit Eric d'expliquer comment il a pu lui-même se photographier. Voici sa réponse :

— *Qu'on le veuille ou non, rien n'est perdu, parce que tout est enregistré par la mémoire. Sans l'image enregistrée dans la mémoire, je n'aurais pu me révéler sur la plaque. Pour cela, il n'est pas nécessaire que ce soit dans la mémoire normale, dans la mémoire latente cela suffit.*

**16 mai 1916.** — Une seconde expérience n'ayant pas réussi, nous en référons à Eric. Il répond :

**56.** — *La première fois, j'ai pu fixer mon image tout de même, par faveur spéciale,* *pour te donner une preuve d'identité. Ce ne sont pas les conditions normales.*

**27 mai 1916.** — Troisième essai, troisième insuccès, nouvel interview de l'esprit qui l'explique ainsi :

— *Parce que ces faits ne sont pas souvent permis.*

? Pourquoi cette autorisation vous a-t-elle été donnée une première fois,

— *Pour vous donner une preuve d'identité certaine.*

Quel est donc ce chimiste invisible, qui, sans laboratoire, sans appareil, manie la matière lumineuse, pressent un succès, le commente, se photographie lui-même et **nous donne son image pour attester, dit-il, son identité?**

**C'est un mort, l'ami de l'un de nous, disparu depuis quatre ans!**

**57.** — Est-il preuve plus irrésistible de la vérité de ces trois propositions finales du chapitre I (10)?

**A. — Nous sommes entourés d'êtres invisibles, intelligents, volontaires**

avec qui nous pouvons communiquer.

B. — Ces êtres, quand ils se révèlent, ont la forme et le langage d'êtres humains.

C. — Nous retrouvons parfois parmi eux nos parents, nos enfants, nos amis.

———

# CHAPITRE V

## THÉORIE SPIRITE

———

Pour atteindre à la vérité, il faut une fois dans sa vie se défaire de toutes les opi_nions que l'on a reçues et reconstruire de nouveau et dès le fondement tous les systèmes de ses connaissances.

DESCARTES.

Ce moment est donc venu de faire table rase des légendes de l'enfance; il faut un esprit libre, dégagé des idées préconçues et de toute influence atavique pour envisager la lumineuse beauté de ce nouvel horizon.

Contre toute vraisemblance et sans faire échec à aucune science classique, des faits palpables nous ont conduits à cette affirmation : les morts ne sont pas murés dans leurs tombeaux; ils parlent. Si on les interroge sur ce passage d'un monde à l'autre, vous les entendrez dire que la mort n'est pas redoutable; c'est simplement une boule fluidique qui se dégage. La plupart avouent qu'ils sont plus heureux que sur terre et se plaisent à fréquenter comme par le passé les lieux où leur vie terrestre s'est écoulée. D'autres ont suivi leur propre enterrement et s'affligeaient de la douleur inconsidérée de leurs proches. La séparation de l'âme et du corps les a, il est vrai, dépouillés de leur enveloppe charnelle, mais leur présence constante à nos côtés indique bien que si l'acteur a changé de costume, c'est toujours sur le même théâtre qu'il se produit.

Imperceptible comme les étoiles en plein jour, l'humanité des siècles éteints nous enserre, nous coudoie, s'entasse autour de nous, au-dessus de nous. Les preuves d'une aussi audacieuse assertion ne manquent pas. Parmi les plus suggestives, je choisis l'émouvant récit de M. Bérard, ancien magistrat, député, paru dans la *Revue des Revues* (15 septembre 1895).

**58.** — A cette époque, il y a de cela quelque dix ans, j'étais magistrat; je venais de terminer la

longue et laborieuse instruction d'un crime épou-
vantable qui avait porté la terreur dans la contrée ;
jour et nuit, depuis plusieurs semaines, je n'avais
vu, en veille et en rêve, que cadavres, sang et assassinats.

J'étais venu, l'esprit encore sous la pression de
ces souvenirs sanglants, me reposer en une petite
ville d'eaux, qui dort, tranquille, triste et morose,
sans mail-coaches tapageurs, au fond de nos montagnes vertement boisées.

Chaque jour, je m'égarais à travers les forêts de
chênes, mêlés aux hêtres et aux fayards, ou bien
par les grands bois de sapins. Dans ces courses
vagabondes, il arrivait parfois que je m'égarais
complètement, ayant perdu les cimes élevées qui
me permettaient habituellement de retrouver la
direction de mon hôtel.

A la nuit tombante, je débouchais de la forêt sur
une route solitaire qui franchissait un col étroit
entre deux montagnes ; la pente était rapide, et,
dans la gorge à côté de la route, il n'y avait place
que pour un petit ruisseau retombant des rochers
vers la plaine en une multitude de cascades. Des
deux côtés, la forêt sombre, silencieuse à l'infini.

Sur la route, un poteau indiquait que la ville
était à 10 kilomètres ; c'était ma route ; mais, harassé
par six heures de marche, tenaillé par une faim
violente, j'aspirais au gîte et au dîner immédiats.

A quelques pas de là, une pauvre auberge isolée,

véritable refuge de rouliers, montrait son enseigne vermoulue : *Au Rendez-Vous des Amis.* J'entrai.

L'unique salle était fumeuse et obscure ; l'hôtelier, taillé en hercule, le visage mauvais, le teint jaune ; sa femme, petite, noire, presque en haillons, le regard louche et sournois, me reçurent à mon arrivée.

Je demandai à manger, et, si possible, à coucher. Après un maigre souper, très maigre, pris sous l'œil soupçonneux et étrangement inquisiteur de l'hôtelier, à l'ombre d'un misérable quinquet, éclairant fort mal, mais répandant en revanche une fumée et une odeur nauséabondes, je suivis l'hôtesse, qui me conduisit, à travers un long couloir et un dur escalier, dans une chambre délabrée située au-dessus de l'écurie. L'hôtelier, sa femme et moi, nous étions certainement seuls dans cette masure perdue dans la forêt, loin de tout village.

J'ai une prudence poussée jusqu'à la crainte ; cela tient de mon métier, qui, sans cesse, me fait penser aux crimes passés et aux assassinats possibles. Je visitai soigneusement ma chambre, après avoir fermé la porte à clef ; un lit, ou plutôt un grabat, deux chaises boiteuses ; au fond, presque dissimulée par la tapisserie, une porte munie d'une serrure sans clef. J'ouvris cette porte : elle donnait sur une sorte d'échelle qui plongeait dans le vide. Je poussai devant pour la retenir, si on tentait de l'ouvrir du dehors, une sorte de table en bois blanc

portant une cuvette ébréchée qui servait de toilette;
je plaçai à côté une des deux chaises. De cette façon,
on ne pouvait ouvrir la porte sans faire de bruit. Et
je me couchai.

Après une telle journée, comme bien on pense,
je m'endormis profondément. Tout à coup, je me
réveillai en sursaut : il me semblait que l'on ouvrait
la porte et qu'en l'ouvrant, on poussait la table; je
crus même apercevoir la lumière d'une lampe, d'une
lanterne ou d'une bougie, par le trou resté vide de
la serrure. Comme affolé, je me dressai dans le
vague du réveil et je criai : « Qui est là? » Rien,
le silence, l'obscurité complète. J'avais dû rêver,
être le jouet d'une étrange illusion. Je restai de
longues heures sans dormir, comme sous le coup
d'une vague terreur. Puis la fatigue eut raison de
la peur et je m'endormis d'un lourd et pénible
sommeil entrecoupé de cauchemars.

Je crus voir, je vis, dans mon sommeil, cette
chambre où j'étais; dans le lit, moi ou un autre, je
ne sais; la porte dérobée s'ouvrait, l'hôtelier entrait,
un long couteau à la main; derrière, sur le seuil de
la porte, sa femme, debout, sale, en guenilles, voi-
lant de ses doigts noirs la lumière d'une lanterne;
l'hôtelier, à pas de loup, s'approchait du lit et plongeait son couteau dans le cœur du dormeur. Puis le
mari portant le cadavre par les pieds, la femme le
portant par la tête, tous deux descendaient l'étroite
échelle; voici un curieux détail : le mari portait

entre ses dents le mince anneau qui tenait la lanterne, et les deux assassins descendaient l'escalier
borgne à la lueur terne de la lanterne. Je me réveillai en sursaut, le front inondé d'une sueur froide,
terrifié. Par les volets disjoints, les rayons du soleil
d'août inondaient la chambre : c'était sans doute la
lueur de la lanterne ; je vis l'hôtesse seule, silencieuse, sournoise, et je m'échappai joyeux, comme
d'un enfer, de cette auberge borgne, pour respirer
sur le grand chemin poudreux l'air pur des sapins,
sous le soleil resplendissant, dans les cris des oiseaux en fête.

Je ne pensais plus à mon rêve. Trois ans après,
je lus dans un journal une note à peu près conçue
en ces termes : « Les baigneurs et la population de
« X... sont très émus de la disparition subite et
« même incompréhensible de M. Victor Arnaud,
« avocat, qui, depuis huit jours, après être parti
« pour une course de quelques heures dans la mon-
« tagne, n'est point revenu à son hôtel. On se perd
« en conjectures sur cette incroyable disparition. »

Pourquoi un étrange enchaînement d'idées ra-
mena-t-il mon esprit vers mon rêve à l'hôtel ? Je ne
sais, mais cette association d'idées se souda plus
fortement encore, quand, trois jours après, le même
journal m'apporta les lignes que voici : « On a
« retrouvé en partie les traces de M. Victor Arnaud.
« Le 24 août au soir, il a été vu par un roulier dans
« une auberge isolée : *Au Rendez-Vous des Amis.*

« Il se disposait à y passer la nuit ; l'hôtelier, dont la
« réputation est des plus suspectes, et qui, jusqu'à
« ce jour, avait gardé le silence sur son voyageur, a
« été interrogé. Il prétend que celui-ci l'a quitté le
« soir même et n'a point couché chez lui. Malgré
« cette affirmation, d'étranges bruits commencent à
« circuler dans le pays. On parle d'un autre voya-
« geur d'origine anglaise disparu il y a six ans.
« D'autre part, une petite bergère prétend avoir vu
« la femme de l'hôtelier, le 20 août, lancer dans
« une mare cachée sous bois des draps ensanglantés.
« Il y a là un mystère qu'il serait utile d'éclaircir. »

Je n'y tins plus, et, tenaillé par une force invin-
cible qui me disait malgré moi que mon rêve était
devenu une réalité terrible, je me rendis dans la ville.

Les magistrats saisis de l'affaire par l'opinion publique recherchaient sans donnée précise. Je tombai
dans le cabinet de mon collègue, le juge d'instruction, le jour même où il entendait la déposition de
mon ancienne hôtelière. Je lui demandai la permission de rester dans son cabinet pendant cette déposition. En entrant, la femme ne me reconnut pas, ne
prêta même aucune attention à ma présence.

Elle raconta que, en effet, un voyageur, dont le
signalement ressemblait à celui de M. Victor Arnaud,
était venu, le 24 août au soir, dans son auberge,
mais qu'il n'y avait point passé la nuit. « Du reste,
avait-elle ajouté, il n'y a que deux chambres à l'auberge et, cette nuit-là, toutes deux ont été occupées

par deux rouliers, entendus dans l'instruction et reconnaissant le fait. »

Intervenant subitement : « Et la troisième chambre, celle sur l'écurie ? » m'écriai-je.

L'hôtelière eut un brusque tressaillement, et parut subitement, comme en un soudain réveil, me reconnaître. Et moi, comme inspiré, avec une audacieuse effronterie, je continuai : « Victor Arnaud a couché « dans cette troisième chambre. Pendant la nuit « vous êtes venue avec votre mari, vous, tenant une « lanterne, lui, un long couteau ; vous êtes montés « par l'échelle de l'écurie, vous avez ouvert une « porte dérobée qui donne dans cette chambre ; « vous, vous êtes restée sur le seuil pendant que « votre mari est allé égorger son voyageur afin de « lui voler sa montre et son portefeuille. »

C'était mon rêve de trois années que je racontais ; mon collègue m'écoutait ébahi ; quant à la femme épouvantée, les yeux démesurément ouverts, les dents claquant de terreur, elle était comme pétrifiée. « Puis, tous deux, ajoutai-je, vous avez pris le « cadavre, votre mari le tenant par les pieds. Pour « vous éclairer, votre mari portait l'anneau de la « lanterne entre ses dents. »

Et alors, cette femme terrifiée, pâle, les jambes se dérobant sous elle : « Vous avez donc tout vu ? » murmura-t-elle.

Puis, farouche, refusant de signer sa déposition, elle se renferma dans un mutisme absolu.

Quand mon collègue refit au mari ce récit, celui-ci se croyant livré par sa femme, avec un affreux juron s'écria : « Ah! la c..., elle me le paiera! »

Mon rêve était donc bien vrai et était devenu une sombre et terrifiante réalité.

Dans l'écurie de l'hôtel, sous un épais tas de fumier, on retrouva le cadavre de l'infortuné Victor Arnaud, et, à côté de lui, des ossements humains, peut-être ceux de l'Anglais disparu six ans auparavant, dans des conditions identiques et tout aussi mystérieuses.

Cette impressionnante aventure ne peut-elle servir à pénétrer l'énigme des lieux hantés? Anglais ou autre, un homme, dont on a retrouvé les ossements près du corps de M. Victor Arnaud, a été frappé trois ans avant le passage de M. Bérard. L'esprit de cette victime, fréquentant encore la chambre maudite, où ce magistrat vint passer la nuit, lui a révélé dans toutes ses phases l'assassinat qui, un jour ou l'autre, devait se renouveler. Ce n'est que par le spiritisme qu'on explique ce rêve prémonitoire, ce rêve d'avant la lettre, véritable acte d'accusation d'outre-tombe.

Ainsi les morts vivent près de nous, sous

notre toit. Faut-il en tirer cette conséquence décourageante que le seul but de notre destinée est de piétiner sur place?

S'il est raisonnable d'admettre que le Maître de l'Univers ne peut commettre à toute heure le geste enfantin d'anéantir capricieusement, après un éclair de durée, les marionnettes pensantes que nous sommes, n'est-ce donc que pour recommencer un stade de labeur et de souffrance, qui, somme toute, ne vaut pas la peine d'être refait que sa puissance créatrice a peuplé l'Ici-bas?

Conçoit-on pour le plus intelligent des êtres vivants un si stupide dénouement?

**58** *bis*. — Non, certes. Le passé nous est un garant de l'avenir; il nous montre que, groupé ou isolé, l'homme poursuit une marche ascendante de progrès, subit une loi d'évolution d'une perfectibilité incessante.

Qui était dans les lointains millénaires notre ancêtre préhistorique récemment exhumé de l'île de Java, sinon une semi-brute mâtinée de singe et de tigre, jouet irréfléchi d'appétits et de sentiments égoïstes. Autour de lui les êtres inférieurs de la vie animale remplissent leur rôle ; déjà l'abeille garnit le creux des arbres de ses gâteaux de miel.

Puis les siècles passent, les fureurs du sauvage s'apaisent ; on le voit tailler les cornes de renne, sculpter les tombeaux, évoquer ses morts ; le spiritualisme a germé dans cette enveloppe de demi-civilisé. Près de lui, les générations d'abeilles se sont succédé, pétrissant de la même manière leurs rayons de miel.

Négligeons pour un moment les sursauts et les reculs de l'humanité en marche, avançons jusqu'au dix-septième siècle de notre ère ; quelle spirituelle apothéose! Sciences, lettres, arts, philosophie, religion proclament la suprématie des intelligences grandissantes. Plus près de nous, depuis un siècle, rayonnent des idées de justice et de fraternité ; l'esclave américain, le serf russe sont devenus des hommes ; la démocratie s'est ébranlée, elle va conquérir le monde.

Approchons-nous maintenant de l'individu ; comparons la brute des premiers âges avec le citoyen de nos villes et de nos villages ; la morale et la science n'ont-elles pas élevé ce contemporain au-dessus de la brutalité de ses ancêtres et de l'ignorance de ses aïeux? Et aujourd'hui même, en ces moments héroïques de l'histoire des races où la civilisation défend son idéal d'indépendance contre l'immoralité du pouvoir absolu et de ses asservissements, ce ne sont ni les descendants de l'aristocratie ni les héritiers de riches oisifs, mais des intelligences parties de la glèbe et de l'atelier, exaltées jusqu'au génie, qui, en Europe et en Amérique, dirigent l'effort humain contre la sauvage ruée infernale de la Mittel-Europa.

Jetons en dernier lieu un coup d'œil sur le plan inférieur de l'animalité. S'est-il modifié parallèlement aux soubresauts et aux reculs passagers de l'humanité ascendante? L'animal a-t-il suivi même de loin l'évolution de l'homme? En aucun point apparent l'abeille n'a pas changé l'architecture de ses rayons, ni l'araignée, la disposition de ses fils.

Ainsi, stagnation de l'instinct, évolution de l'esprit, voilà ce qui différencie l'homme de la bête.

**59.** — Passons chez nos devanciers; sous quelle forme cette loi d'évolution agit-elle après la disparition de l'être vivant?

A s'en rapporter aux séances de médiumnité de M^me Piper, la folie s'enfuit et l'enfance se mûrit dans l'au-delà.

Des déments ont vécu et sont morts sans avoir jamais eu sur terre un éclair de raison. Ils n'ont été connus que comme fous. Quelque temps après la mort, l'intelligence se réveille, acquiert peu à peu une lucidité normale.

L'enfant mort en bas âge traduit tout d'abord des pensées enfantines puis finit par ne plus parler de ses jouets. Le professeur Hyslop avait un frère, Charles, mort à quatre ans, bien avant la naissance d'une autre sœur, Henriette. Voici le message qu'il reçoit trente-cinq ans après la disparition de ce jeune frère et de leur père commun :

« *James, je suis ton frère Charles, je suis* « *heureux. Donne l'expression de mon affec-* « *tion à ma sœur Henriette. Dis-lui que je fe-* « *rai sa connaissance quelque jour; notre père* « *nous parle souvent d'elle.* »

Sur cette loi d'évolution, Eric s'exprime ainsi : « *On progresse plus rapidement dans « notre monde que dans le vôtre, parce qu'on « est débarrassé de la matière.* » (COMMUNICATION, 25 OCTOBRE 1916.)

Ce progrès s'accuse encore et dénote une hiérarchie spirituelle d'esprits vulgaires et d'esprits supérieurs, comme dans notre monde d'ailleurs, lorsque l'on rapproche les communications de l'esprit Calmette de deux des plus beaux messages de morale et de littérature profane qui furent donnés à Nancy.

**60.** — Le premier vient de Marie P..., morte à vingt-quatre ans.

*Mon berceau resta immobile ; ma mère est morte à ma naissance ; mais chaque nuit, mes frères, les anges, vinrent me prendre en leurs bras et me dire de liliales choses :*

« *Enfant, la vie s'ouvre ; le chemin en est « bien tortueux ; les épines s'accrocheront à « tes vêtements ; la boue de l'ornière écla- « boussera tes pieds si blancs. Mais, enfant, « prends bien garde à l'orage qui lentement « s'élèvera pour éclater au-dessus de ta tête.*

« *Enfant, suis ton chemin et sur le sommet de*
« *la colline en de bruissantes ondes tu sentiras*
« *notre présence.* »

*Mon vêtement est intact; je suis passée en*
*me jouant de la boue du chemin; mais, loin,*
*loin, voici l'orage qui vient. Les années ont*
*passé; l'amour plane au-dessus de moi avec*
*ses éclairs et son fracas. Oh! Frères, venez,*
*venez; prenez-moi. Je veux comme vous*
*rester toute de blancheur céleste. Emportez-*
*moi, mes ailes vont s'abîmer* (COMMUNICATION,
1903).

**61.** — Voici maintenant un coucher de
soleil sur la jungle communiqué en 1907 par
Malika, se disant prêtresse de Brahma :

*Connais-tu le soleil couchant sur nos*
*jungles? Aucun spectacle de l'Occident ne*
*peut lui être comparé. A cette heure sublime,*
*l'astre du jour, avant de disparaître, embrase*
*les sauvages prairies de ses derniers rayons;*
*déjà il plonge dans l'eau brûlante du fleuve*
*qu'il teinte de feux dorés et sanglants. La*
*nature se recueille; des nuées d'insectes, aux*
*mille couleurs, voltigent d'herbe en herbe, de*
*fleur en fleur, tantôt frôlant l'eau de leurs*

ailes diaprées et soyeuses, tandis que les fleurs lassées referment lourdement leurs corolles.

C'est l'instant solennel où l'astre du jour et celui de la nuit se disputent la terre.

Lentement le crépuscule déroule ses voiles; pas un souffle, mais en guise de brise flottent les senteurs capiteuses de la nature énamourée. Une à une, les étoiles s'allument au firmament; les oiseaux de nuit gémissent sourdement. Au loin, le cri lugubre d'une panthère; çà et là, un reptile froisse les herbes en sifflant. Puis un chant suave fait tressaillir la nature endormie; ce sont les jeunes Indiennes qui cheminent doucement vers la cité, dont on aperçoit de loin les dômes irisés. Leur corps de sirène est enveloppé d'étoffes chatoyantes; des verroteries scintillent dans leurs cheveux noirs. Favorisés par la nuit naissante, leurs yeux s'allument comme les étoiles avec lesquelles ils rivalisent. Vibrants, leurs chants s'élèvent dans l'espace et se mêlent au parfum voluptueux du soir. Malheur à celui que ses attraits séduiraient; mieux vaudrait pour lui que la panthère le dévore, que le boa l'enserre *dans ses anneaux, que les sinistres oiseaux de nuit lui rongent le cœur.*

*Cependant tout est calme dans l'air embaumé ; les chants s'éteignent, l'astre des nuits est vainqueur ; mais là-bas, à l'horizon, les rayons mourants étreignent les sommets d'un suprême baiser.*

On ne sait vraiment ce qu'il faut le plus admirer dans ce petit chef-d'œuvre littéraire, du coloris de la forme ou de la poésie du tableau.

**62.** — Un jour de janvier 1917, dans une de nos villes de l'Est, quatre dames de croyances catholiques éprouvées et un religieux attendent autour d'une table la visite d'un jeune sergent tombé sur le front en septembre 1915. Elle ne tarde pas. C'est Pierre F..., neveu et frère de deux personnes présentes, connu de la famille par son caractère gai, même un peu taquin. Son identité est constatée par la révélation d'un secret de famille. On le prie de désigner la meilleure personne de la société : il marche vers sa tante ; puis la moins bonne : la table s'incline sans hésitation devant le religieux, le

premier à rire de cette anodine plaisan-
terie.

? Es-tu content d'être mort, lui demande-t-on,
— *Non.*

? Tu regrettes la vie,
— *Oui.*

? Pourquoi,
— *J'aurais voulu vivre pour progresser.*

Serait-il vrai que la vie corporelle fût une
condition nécessaire du perfectionnement de
notre essence immatérielle ?

Ce qui atteste plus que tout autre fait le
fonctionnement de cette loi d'évolution, c'est
le départ définitif de tous ces interlocuteurs
qui, parfois, ne pressentent pas l'imminence
de cette séparation.

L'esprit Pelham de M^me Piper dit à l'un
de ses amis : « *Je ne puis pas me rappeler
« votre figure; il y a longtemps que je suis
« parti : je vais chaque jour en m'éloignant
« davantage de vous tous.*

Après six ans d'entretiens M^me Liver-
moore désincarnée fait savoir par un esprit
intermédiaire à son mari qu'elle ne reviendra

plus. Ils ne sont pas revenus, malgré leurs promesses, ces représentants du dix-huitième siècle qui semblent n'avoir eu pour mission que de faire constater leur identité. Nous n'avons revu ni Marie P., ni la prêtresse de Brahma. Pie IX lui-même (39), dont les visites s'espaçaient de plus en plus, nous a définitivement quittés. Où vont-ils donc, ces immortels voyageurs de nos frontières terrestres ? Ils ne se lassent pas de le dire : vers un centre d'attraction où les appelle un seul mot d'ordre : aimer.

L'amour, amour de Dieu, amour du prochain : tel est le moteur de cette loi d'évolution, de cette marche progressive des esprits vers le beau, le vrai, le bien, confondus en un Être parfait, qu'ils n'atteindront jamais, pas plus que la période arithmétique, qui tend à l'unité, ne peut y arriver.

Amour et pitié sont les deux seuls commandements du Christ : ce sont ces deux mots magiques qui ont effacé les dérèglements de Marie-Magdeleine. Déjà cinq mille ans avant la venue du grand Miséricordieux, le tombeau égyptien d'Hirkouff renfermait ce précepte de morale universelle :

*J'ai été docile envers mon père ;*
*J'ai fait ce qui plaisait à ma mère ;*
*J'ai été bienveillant envers tous mes frères ;*
*J'ai donné du pain à l'affamé, des vêtements à celui qui était nu, des vases de bière à celui qui avait soif.*

L'un de nos familiers ne cesse de plaider la cause des malheureux. *La cupidité est immorale,* DIT PIE IX; *ne soyez pas affamés d'or, vous compromettriez vos chances d'une rapide évolution dans l'Au-delà. Regardez au-dessous de vous, vous vous trouverez très heureux* (COMMUNICATION, 21 JANVIER 1910); — *Pensez aux malheureux pendant ces terribles jours d'hiver. Ce que je vois ici de gens qui ont le cœur fermé à la souffrance ! Ils implorent en vain le Créateur ; ils reviendront sur terre pour apprendre la bonté* (COMMUNICATION, 11 NOVEMBRE 1910); — *Continuez pendant l'année qui va s'ouvrir par l'exemple de la charité et de l'amour de vos semblables : vous vous ouvrirez les portes de l'Au-delà et*

*vous y trouverez la juste récompense* (Com-
MUNICATION, 29 DÉCEMBRE 1910).

*Soulagez les malheureux* (COMMUNICATION,
18 MAI 1915), telles sont les premières paroles du président de notre société, mort en
mai 1913.

C'est encore par amour que les dieux
lares romains, les génies grecs, les anges
gardiens du catholicisme, les esprits guides
du spiritisme étendent leur protection sur
leurs frères humains.

*J'ai tellement de malheureux à secourir
dans les ténèbres, que je n'ai pu venir vous
voir, mais je ne vous quitte jamais* (COMMU-
NICATION, OCTOBRE 1909, PIE IX).

Les esprits Chabert, Eric, Clémence, Thérèse sont des protecteurs; et, portant leurs
regards plus loin, les moins clairvoyants
d'entre nous ne saisissent-ils pas, derrière
le sublime dévouement de nos combattants,
le souffle puissant des Imperceptibles d'Iéna
et des Impondérables de Wagram, invulné-
rables protecteurs des destinées de l'humanité?

S'ensuit-il néanmoins que cette action

vigilante doive se substituer aux efforts de
la volonté individuelle et aux responsabilités
du libre arbitre? Cette idée ne peut se con-
cevoir : comment l'enfant apprendrait-il à
marcher, s'il ne quittait les bras maternels?

Voici sur cette question la réponse d'Eric
au commandant N..., son beau-frère : *Tu
seras très persuadé que je suis ton ange gardien. L'esprit guide protège de toutes façons
ceux qu'il aime, les inspire quelquefois pour
leur bien, mais sans entraîner leur libre arbitre, sans troubler leurs sentiments intimes. Il
arrive parfois que certains esprits supérieurs
sont chargés sagement par Dieu de faire des
communications utiles à l'humanité ou des
révélations profondes; rarement, parce que
probablement l'on serait influencé et l'homme
ne remplirait plus sa mission pour laquelle il
a sa conscience et son libre arbitre. Il est responsable de ses actions* (COMMUNICATION, 10 MAI
1916).

Cet enseignement venant de si loin, d'un
esprit plus évolué, et par conséquent plus
près de Dieu que nous, expose clairement
les occupations éminemment bienfaisantes

de ceux qui nous ont devancés, en même temps qu'il découvre la source élevée des inspirations du génie et des prophètes.

Déjà nous avions démontré qu'en tout état de cause l'avenir, ne relevant pas du présent, excédait les limites de la science. Nous savons maintenant que de siècle en siècle, sous un mystérieux élan d'amour, le livre du destin s'entr'ouvre, et que, religieux ou profanes, les prophètes ne sont que les porte-parole des messagers de la divinité.

Ainsi par delà la tombe, pour peu qu'on les en prie, nos aînés s'empressent de lever un coin du voile qui les sépare de notre monde; savants et ignorants, pondérés et frivoles, ils nous apprennent ce qu'ils étaient Ici-bas, ce qu'ils sont dans l'Au-delà, ce qu'ils deviennent, ce qu'ils font.

**63.** — Malgré tout, ils restent incompris de la généralité des hommes qu'ils éclairent de leurs conseils.

« Pourquoi, dit le dilettante auteur de *La* « *Mort*, pourquoi s'attardent-ils à végéter « autour de nous dans leur petit passé, « alors que, débarrassés de la chair, ils de-

« vraient pouvoir errer librement dans l'é-
« tendue vierge de l'espace et du temps?
« Pourquoi s'en reviennent-ils, ces fantômes,
« les bras et les mains vides? »

Combien sont imprudentes ces quelques
lignes échappées à la sagacité de M. Maeterlinck!

Sont-ils donc vides de sens ces faits de
chaque jour, révélateurs, dans toutes les
races, de la permanence du « Moi », des destinées de l'homme, de l'existence d'une idée
directrice dans la création?

Ce petit passé que les esprits ont quitté
sans regret, c'est plus encore le nôtre,
auquel nous faisons encore confiance, que
le leur; c'est le passé de toutes les conceptions philosophiques dipersées au souffle de
quelques errants; c'est le passé de nos
principes étriqués et prismatiques de justice et d'expiation.

Pour préjuger les décisions de la « justice
immanente » dont parlait notre grand tri-
bun, pour départager des prières s'exhalant
aussi ardemment des bords du Rhin que du
sol de la France, disposons-nous des ba-

lances de l'éternité, de l'immensité, de la puissance et de la science infinies?

Alors qu'une civilisation traitée de pourrie se dresse contre la monstrueuse culture allemande, alors qu'un peuple contempteur de rites et déserteur de temples saigne sous la ruée de la catholique Autriche, de la pieuse Bavière et du vieux bon Dieu impérial, des confidents du ciel taillant leur Dieu à la mesure de leur aune, prétendent y voir l'exécution d'un arrêt divin.

Est-il à la divinité pensée plus outrageante que de la croire capable de restaurer par des viols, des meurtres, le sac et la destruction de ses églises, sa souveraineté méconnue? Est-il aberration plus profonde que de couvrir ces soudards et ces sbires de l'irresponsabilité du bourreau et de nous enlever ainsi le droit de les maudire et de les châtier?

Enfin, qu'avait donc fait la saine, hospitalière et cléricale Belgique pour expier si durement?

———

# CHAPITRE VI

## CONCLUSION

---

> Qui peut soutenir que ce monde n'est
> pas un monde spirituel avec ce qu'on
> nomme la matière pour atteindre un but ?
> Colonel LAZELLE, de l'armée des États-
> Unis, *Matière, Force et Esprit.*

Mon œuvre d'exaltation morale vouée à nos morts héroïques est terminée. Résumons-la en quelques lignes.

Dans une série de phénomènes physiques et intellectuels, tirant leur origine d'une région inconnue à toute science classique, nous avons vu l'esprit actionner la matière, la dissocier, la pétrir, se photographier lui-même, et, nouveau Lazare sortant de la tombe, s'entretenir dans le cours de trois années avec le président de la Société

137

royale de Londres. Que faut-il de plus pour se convaincre que l'esprit domine la matière, la commande?

Par d'autres observations non moins stupéfiantes, nous avons acquis la certitude que cet esprit était l'un de nos devanciers, une individualité identifiée parmi ces milliards d'invisibles qui parcourent le monde, comme les infusoires, la goutte d'eau.

D'un autre côté, je sais que la foi ne s'impose pas; que, vous qui me lisez, ces faits, ces êtres, cette photographie, vous ne les avez pas vus, de vos yeux vus. Aussi me garderai-je bien de vous quitter sur un doctrinal et téméraire **croyez-mol**.

Je vous dis simplement : prenez une leçon de choses, **faites comme moi**. Votre incrédulité, réfractaire à l'éloquence de toute une bibliothèque, cédera au spectacle des fantaisies de Pompon (8), devant le dogmatisme d'un baron de Cauchy (49), ou les sursauts anarchiques d'un mineur de Courrières (50).

Toutefois, n'accusez pas cette méthode expérimentale empruntée à la physique et à la chimie d'exclure le solide appui du raisonnement scientifique.

La physiologie enseigne en effet que la multiplication et la spécialisation des organes sont fonction du milieu ambiant. Si donc les vibrations lumineuses ont créé le sens de la vision, et les vibrations sonores, le sens de l'ouïe, comme l'écrit quelque part M. Sabatier, professeur de zoologie, un commerce assidu avec les désincarnés développera un sens de communication fluidique, dont, à divers degrés de force et d'affinité, tout homme se trouve pourvu.

Peu ou prou, l'expérience me l'a démontré, nous possédons tous une médiumnité; mais il en est de cette puissance particulière de notre âme comme des dispositions natives à l'égard des sciences mathématiques; pour quelques-uns, elles ne dépassent guère la règle de Pythagore.

Si caractérisée qu'elle soit à son apparition, cette faculté ne s'accroît, comme l'intelligence et la force musculaire, que par un exercice suivi, une sage pratique. Où donc le marin, l'indigène du Centre-Africain ont-

139

ils puisé leur étonnante acuité de vision, sinon dans l'effort exaspéré auquel l'organe de la vue est journellement assoupli? Qui sait alors si la culture de générations successives ne réserve pas à la médiumnité de nos descendants le pouvoir de correspondre avec des esprits actuellement trop éloignés de nos sens embryonnaires?

C'est à cette pratique que, dans quatre messages pressants, l'esprit Pie IX nous convie :

*Tâchez, dit-il, de faire des spirites pour le bonheur de l'humanité. Travaillez le spiritisme, persévérez, vous en serez récompensés comme je l'ai été moi-même; je vous guiderai, comme j'en ai guidé des milliers. — Je suis heureux de vous voir travailler le spiritisme. Vous serez convaincus de la survivance des esprits ; tout ne meurt pas avec notre corps charnel. — Vous serez récompensés de votre persistance à cultiver le spiritisme ; n'écoutez pas les incrédules volontaires, mais instruisez les ignorants de bonne foi. — Mes chers amis, je ne veux pas laisser passer la fin de l'année sans vous témoigner ma grande satisfaction pour le dévouement que vous apportez à la propagande du spiritisme* (COMMUNICATIONS, 16 JUILLET 1909, 13 AOUT 1909, 31 DÉCEMBRE 1909, 29 DÉCEMBRE 1910).

Pratiquez donc le spiritisme, sceptiques de bonne foi; en fouillant la mort, vous découvrirez la vie.

Pratiquez-le, hommes de tout âge, qui voulez vous assurer la quiétude de la pensée, la sérénité de la vieillesse.

Pratiquez-le surtout, âmes éplorées de la disparition d'un être cher. Un exemple tout récent me donne le droit de parler ainsi.

Une famille de la ville de G..., entièrement étrangère au spiritisme, perdait, aux attaques de Champagne de 1915, l'aîné de ses fils, officier. Ce deuil lui fut d'autant plus cruel qu'elle avait été frappée quelques années auparavant par la mort d'un plus jeune fils, âgé de douze ans. Cherchant de tous côtés une atténuation à leur douleur, les pauvres parents suivirent le conseil d'un ami et s'adressèrent à un médium de la ville. Dès la première séance, ils reçurent

de leurs enfants deux lettres où ils reconnu-
rent avec joie l'écriture, le style, la signature de chacun d'eux. En les quittant, ceux-
ci leur laissèrent le consolant espoir de nouvelles visites.

C'est un nouveau témoignage de la survivance de nos frères absents ; la mort ne
les a pas anéantis ; leur départ n'a rien
d'irrévocable. Ils se tiennent à notre porte,
épiant l'heureuse occasion de renouer leurs
relations : « *Aimez-nous, les anciens hommes*
« *de la terre,* PRIENT-ILS; *nous avons besoin*
« *de votre souvenir. Nous sommes encore*
« *semi-humains et désirons l'affection de ceux*
« *qui nous ont aimés.* »

Écoutez-les donc, lecteurs avertis : ils
sont là non pour vous instruire, mais pour
vous protéger. Approchez-vous de l'appareil
téléphonique qu'ils doivent, comme vous,
apprendre à manier ; multipliez les efforts,
persévérez, et quand, tout d'abord d'une
allure hésitante, la petite table au contact de
vos mains frappera de faibles coups, quand,
ensuite, d'une marche plus assurée elle
saura évoquer de tendres souvenirs, épeler

quelques mots affectueux, alors sous le coup d'une indicible émotion vous jetterez au matérialisme vaincu ce cri de victoire :

**L'ami disparu me parle, donc il est là !**

---

# DEUXIÈME PARTIE

# PRATIQUE

# CHAPITRE VII

## OBSERVATIONS PRÉLIMINAIRES

---

M<sup>me</sup> de Girardin disait avec raison :

« Les esprits ne sont pas des chevaux de fiacre « qui attendent le bourgeois dans la rue. »

Il est temps de se libérer de cette idée souverainement prétentieuse qu'ils doivent agir au gré de nos fantaisies. L'un de nos amis cherchait à savoir pourquoi ses tentatives d'évocation restaient sans résultat. Il lui fut répondu : *«M. R... a reçu de nous tant « de preuves de notre existence, que, lui en « donnerions-nous d'autres, il ne nous croirait « pas davantage. »* L'esprit n'obéit qu'à son bon plaisir (SPIRITUS FLAT UBI VULT).

N'oublions pas non plus qu'ils ne semblent ne nous saisir que par la pensée. Charles Hyslop désincarné dit à son frère le professeur James : « *Notre père tiendrait*

« beaucoup à ce que tu eusses en ta possession
« les peintures qu'il possédait, si tu es encore
« dans le corps, James. »

Il en est même qui vivent dans un état de
stupeur bien voisin de la mort véritable. Le
15 avril 1880, on demandait à un fantôme
aux traits connus des assistants, que M<sup>n</sup> d'Espérance, puissant médium, venait de maté-
rialiser dans une famille norvégienne :

? Êtes-vous Emmanuel Lynck,

— *Oui, mort de consomption.*

? Où êtes-vous mort,

— *Oui, dans le vieux Hartlepool. Savez-*
« *vous si mes parents sont en vie? Et ma*
« *femme vit-elle encore? Quand Frank est-il*
« *mort? Et Ralph vit-il toujours? Je vou-*
« *drais bien savoir s'ils ont quitté votre*
« *monde. Je me demande si Kate, ma femme,*
« *s'est remariée. Mais qu'importe, après tout.*
« *Le vieux était assez mauvais avant ma*
« *mort.* » (Il parle de son père.)

Cet exemple ne justifie-t-il pas toutes les
réserves sur les renseignements émanés de
certains mystificateurs.

Ils obéissent donc à des lois qu'ils paraissent ignorer autant que nous, ou du moins
qu'ils ne peuvent ou ne veulent nous dé-
voiler.

S'ils ont leur raison de reprendre contact
avec l'Ici-bas, ne les traitons pas en servi-
teurs de bonne maison; inutile de les évoquer, ils ne viendront pas. « *Réellement, dit*
« *Eric, c'est rare qu'un esprit évoqué vienne*
« *sans motif, sans une certaine sympathie*
« *pour l'évocateur. Presque toujours, c'est*
« *l'esprit guide qui répond. Si tu reconnais*
« *dans un vil menteur que tu es trompé, tu*
« *peux être sûr que ce n'est pas ton esprit*
« *guide.* »

Renonçons surtout à voir dans nos aînés
des conteurs de bonne aventure annonçant
la pluie et le beau temps, naissances et
mariages.

Le plus grand nombre ne connaît pas
l'avenir; les autres ne perdent pas l'occasion de nous rappeler à l'exercice de notre
libre arbitre. Pour avoir, grâce à la médiumnité de sa femme, remis la direction de ses
opérations de bourse à l'un de ces esprits

se disant bien informés, M. V..., banquier, fut,
à la suite d'une période d'opulence de deux
années, la victime d'un dernier conseil qu'il
ne suivit qu'à son corps défendant. Une
autorité supérieure n'a-t-elle pas voulu lui
faire sentir toute l'immoralité de la cupidité?

Généralement, les esprits se présentent
en visiteurs inconnus et persistent à cacher
leur identité. N'acceptons donc comme
établie aucune assertion de leur part qui ne
puisse être contrôlée.

Toutefois, certaines affirmations ne sont
que partiellement inexactes. Le temps et
l'espace, contingences de notre organisme
et de la vie matérielle, n'existent pas dans
l'Au-delà. On ne peut donc leur faire grief
des erreurs de date et de lieu qui déter-
minent un fait vrai à tous autres égards.

Si, pour un motif quelconque, leur assi-
duité vous importune, ne les chassez pas
brutalement, priez-les à haute voix de se
retirer. S'ils ne cèdent pas à votre invitation
courtoise, on peut, ou bien employer le
moyen empirique de les écarter en les ren-
voyant à leur corps, à leur cadavre, au

fond de leur sépulture, ou prendre le parti plus sage de clore la séance.

C'est encore par la variété des expériences, la diversité du langage de ces visiteurs inattendus qu'on est conduit à constater qu'il existe des esprits inférieurs et des esprits supérieurs, et que la continuation de l'existence n'a pas élevé Ruhlmann au niveau social du baron de Cauchy (**48, 49, 50**).

S'il m'arrivait de prendre conseil de Calmette, il se bornait à répondre : *Reste ce que tu es* (COMMUNICATION, 5 JUIN 1915). Tout au contraire, l'esprit Eric me jugeant sans doute trop peu évolué me répétait souvent : *Élève ta mentalité* (COMMUNICATION, 27 JUILLET 1916).

Ce ne peut donc être que d'un clan céleste supérieur au milieu spirituel rivé à notre sphère que descendent « *par faveur spéciale* », selon l'expression d'Eric, les inspirateurs des prophètes et des génies.

Indépendamment de ces considérations générales, il est d'autres éléments d'appréciation qui dérivent de circonstances extérieures que nous allons passer en revue.

Influences de l'atmosphère, du local, de l'assistance, de fluides contraires, de la matière, de l'état de trouble de l'esprit.

ATMOSPHÈRE. — Le voltage dégagé par les orages, les jours de pluie, aussi bien que les préoccupations, les angoisses, exercent une action déprimante sur les médiums.

LOCAL. — Voici à ce sujet le procès-verbal d'une séance du 16 juillet 1890 dressé par M. le D<sup>r</sup> Chazarin :

« *L'esprit Édouard, par la bouche du*
« *médium endormi, nous dit que l'appartement*
« (NOUVELLEMENT OCCUPÉ PAR M. CHAZARIN)
« *28, avenue de Wagram, est rempli d'esprits*
« *légers, attirés par les joyeuses réunions que*
« *faisait chez lui le locataire qui l'avait pré-*
« *cédé.* « *Il nous faudra, dit-il, donner un*
« *bon coup de balai, et, une fois ces esprits*
« *chassés, nous pourrons nous manifester*
« *comme d'habitude. Charlotte* (autre esprit)
« *se chargera de ce nettoyage. En attendant,*
« *ne comptez pas sur grand'chose.* »

*A la fin de la séance, Charlotte se présente et donne par la table la suite à ce renseigne-*

ment : « *Il a fallu que nous prenions posses-*
« *sion de cet appartement, que nous y concen-*
« *trions tous nos fluides et que nous en*
« *éloignions les mauvais esprits et les fluides*
« *qu'ils y avaient laissés. A partir de ce soir,*
« *nous sommes chez moi ici, et il n'y viendra*
« *que nos amis auxquels j'ai donné la libre*
« *entrée. Au revoir. Charlotte.* »

ASSISTANCE. — L'hostilité voulue d'une personne présente à la séance peut empêcher ou arrêter toute communication.

FLUIDES CONTRAIRES. — Il arrive que les fluides de deux médiums se neutralisent, du moins en partie. En opérant par la planchette avec moi, la puissance médiumnique de mon ami N... s'affaiblissait sensiblement.

MATIÈRE. — La médiumnité la plus puissante semble n'avoir aucune action sur un plateau métallique.

ÉTAT DE TROUBLE. — Il faut aussi envisager l'état de trouble dans lequel une mort douloureuse ou violente en pleine jeunesse peut jeter l'esprit brutalement séparé de son enveloppe charnelle.

Un ami intime du D\u02b3 Hodgson qui s'était

suicidé lui disait encore sept ans après la mort : « *Ma tête n'est pas encore lucide quand* « *je vous parle.* »

### Durée des séances. — Nombre.
### Danger des abus.

On ne doit pas s'étonner si la première imposition des mains sur l'un ou l'autre des appareils n'est pas suivie d'effet ; après une attente de quinze à vingt minutes, il est inutile d'insister, mieux vaut remettre la séance à un autre jour.

Les expériences de début ne peuvent se prolonger sans fatigue au delà d'une heure dans une ou deux séances hebdomadaires ; leur intérêt ne dépend d'ailleurs ni de la longueur ni de la multiplicité des communications.

Même à l'état de veille, les abus de communication sont à craindre. En juin 1916, après trois séances journalières consécutives, j'éprouvai un tel épuisement (vertige — douleurs sur le front et à la nuque — alourdissement de la marche) que j'eus grand'peine à gagner une voiture pour rentrer à la maison. Je me hâte d'ajouter que cette légère indisposition fut sans lendemain.

Des détracteurs irréductibles ont encore parlé d'un spiritisme d'après boire menant aux pires extravagances. Cette caricature du spiritisme nous est inconnue, car nous recommandons la frugalité comme une des meilleures garanties de la bonne marche des expériences. Doit-on, pour éteindre la folie religieuse, fermer les temples, et pour prévenir les méfaits de l'ivresse, interdire l'usage du bordeaux? Le plus sage parti consiste à n'employer comme médiums que des tempéraments bien équilibrés et à écarter de répercussions fâcheuses les organismes trop délicats, comme on éloigne d'un estomac affaibli des aliments trop nutritifs. C'est ce qu'ont bien compris nos amis d'Amérique : ils étaient 12 millions de spirites en 1870; ils sont aujourd'hui plus de 25 millions et ce nombre s'accroît chaque année de tous ces milliers d'adultes, pour qui le plus beau cadeau de « Christmas » est un modeste oui-jà.

# CHAPITRE VIII

## APPAREILS

———

Tout objet mobile et léger peut servir
d'instrument de liaison fluidique entre

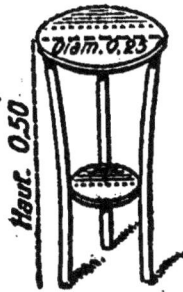

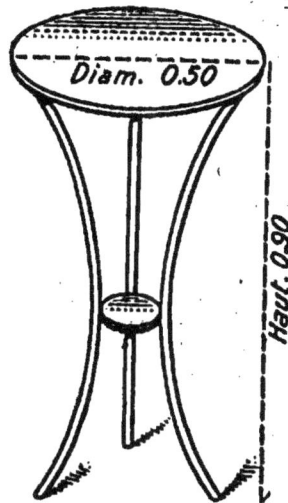

Fig. 1. — Trépied.  Fig. 2. — Guéridon.

l'esprit et le médium. Ces instruments
étant fort nombreux, il est sans intérêt de
les décrire. Je ne parlerai que des quatre

dont je me suis servi, lesquels m'ont donné toute satisfaction.

Ce furent, au début, un trépied pour pot à fleurs (fig. 1) qui pouvait être utilisé par deux ou trois opérateurs et un guéridon

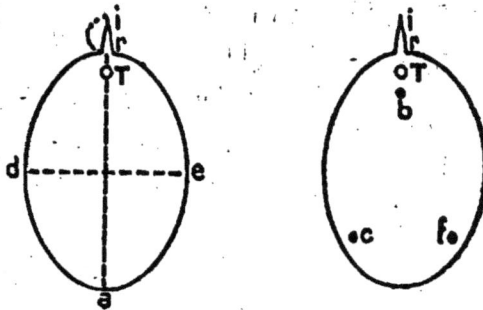

PLANCHETTE

Fig. 3. — Dessus.      Fig. 4. — Dessous.

Longueur de l'index      $i\ r = $ 0^m 03
 —      du grand axe $a\ r = $ 0   20
 —      du petit axe $d\ e = $ 0   10

de bois blanc (fig. 2), quand on réunissait quatre à six personnes.

Après quelques séances, l'usage du trépied et de la table parut lent et monotone.

L'idée me vint de faire découper dans une planche de peuplier de 6 millimètres d'épaisseur un plateau de forme elliptique, pourvue d'un index faisant corps avec elle (fig. 3 et 4).

157

A 1 centimètre de *r*, base de l'index, la planchette est percée d'un petit trou T, à frottement dur, du diamètre d'un crayon.

Aux points *b, c, f* (fig. 4) sont fixés en pied de chèvre trois grosses têtes d'épingles

Fig. 5. — Panier à jetons.

à chapeaux en celluloïd pour faciliter le glissement de la planchette sur l'alphabet (fig. 6).

Il m'est arrivé de substituer à la planchette

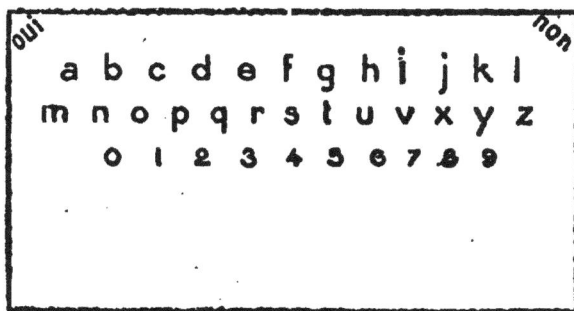

Fig. 6. — Toile alphabétique.
Dimensions : 0<sup>m</sup>60 × 0<sup>m</sup>50.

un petit panier d'osier à jetons (fig. 5). S'il a l'avantage d'être très léger, il présente, en raison de l'exiguïté de sa surface, le grave inconvénient de ne pouvoir être employé que par un seul médium.

On renverse ce petit panier sur l'alphabet (fig. 6) après l'avoir muni, comme index, d'une baguette transversale de 2 millimètres d'épaisseur et après avoir planté dans les bords d'osier, aux points disposés en un triangle c, f, b, trois têtes d'épingles pour servir de glisseur.

Au moment d'opérer, on place la planchette ou le panier renversé sur une toile d'architecte portant sur deux lignes, en caractères très apparents, espacés de 4 en 4 centimètres, les signes de l'alphabet (fig. 6).

Sur la troisième ligne figurent les dix premiers chiffres. Ces trois lignes ne rempliront pas plus de la moitié de la surface de la toile. Enfin, dans le but d'abréger les réponses, les mots « oui » et « non » sont écrits aux coins de droite et de gauche.

La suite des explications concernant l'emploi de ces appareils est reportée au chapitre X.

# CHAPITRE IX

## MÉDIUMS ET MÉDIUMNITÉ

---

NATURE. — La faculté de communiquer avec les morts semble l'attribut d'un sens rudimentaire dont tout homme de corps sain serait pourvu.

Impressionné par les réactions nerveuses individuelles, ce sens accuse une activité plus grande chez la femme que chez l'homme, chez l'adulte que chez le vieillard. Toutefois, ne considérons pas cette règle comme absolue, car le médium de la photographie Eric avait gaillardement passé la soixantaine.

Aucun indice extérieur ne signale la médiumnité; elle se découvre parfois brusquement, quand, en présence d'une personne et à son insu, chaises, paniers, pots à fleurs se déplacent ou que des coups retentissent sous les tables, dans les murs. Ce sont, généralement, des appels d'invisibles, des invitations à la conversation.

INSTABILITÉ. — Ce sens s'atrophierait-il par l'inactivité?

Nous constatons seulement que la médiumnité se perd aussi rapidement qu'elle surgit, pour renaître après un temps plus ou moins long. On ne connaît pas encore la cause de ces mystérieuses variations.

CROISSANCE ET FORCE. — Pénétrons-nous en ce point du proverbe de notre enfance :

> Patience et longueur de temps
> Font plus que force et que rage.

La table s'assouplit rarement au premier essai; elle exige des meilleures bonnes volontés une persévérante pratique ; le succès n'est qu'à ce prix.

On saisit ici la différence de méthode des expériences de transe et des expériences de veille ; le sommeil somnambulique provoqué intensifie instantanément l'émission du fluide médiumnique, alors que l'exercice sage et prolongé n'accroît que peu à peu les aptitudes du médium non endormi.

Tout médium de veille est donc à ses débuts un apprenti capable de maîtrise à la suite d'efforts personnels. C'est par l'emploi de la table ou de la planchette que grandit la médiumnité, de la même manière que la force musculaire se développe au maniement de l'outil.

Il arrive que les facultés médiumniques se classent suivant les dispositions natives ; des trente médiums que j'ai rencontrés, huit pouvaient actionner individuellement la planchette ou le petit panier ; quinze n'obtenaient dé manifestations intelligentes qu'à l'aide d'un coopérateur ; le surplus ne devait espérer un entretien suivi qu'après un travail prolongé.

La force dégagée par le commandant N... était exceptionnelle ; dès les premiers jours de son apparition, chaises, guéridon, table s'agitèrent tumultueusement au premier contact. Le crayon en main, il écrivait souvent des phrases qu'il ignorait. Me sentant de taille à maîtriser le bras droit de mon ami, je le priai, au début de nos études, d'écrire lentement les neuf lettres de mon nom, bien décidé à l'arrêter en cours de route. La lutte ne fut pas longue. Au moment où le patient s'exclamait douloureusement, j'eus l'impression bien nette que le bras se briserait plutôt que de s'immobiliser. Je l'abandonnai donc rapidement, non sans avoir laissé sur le poignet une trace sanglante de cette tentative.

FRAUDES. — Il est, dans les plus graves réunions, de mauvais plaisants prêts à influencer par la pression des mains la marche de la table. Il suffit, pour les démasquer, de placer deux feuilles de papier entre les mains et le plateau et de prier table ou guéridon de saluer d'une lente inclinaison les personnes placées en face des suspects. Aucune pression ne peut, sans se révéler, s'exercer dans le sens opposé au salut.

Maintenant que nous connaissons appareils et médiums nous allons entrer en séance.

# CHAPITRE X

## EN SÉANCE

---

Il ne s'agit plus maintenant que de poser entre l'Ici-bas et l'Au-delà le fil téléphonique constitué par l'appareil et le médium, en se gardant de tout emballement capable de produire des pressions frauduleuses même involontaires et en ne considérant comme digne d'être recueilli que le message, d'où qu'il vienne, dont on peut vérifier les prévisions ou les allégations.

EMPLOI DU GUÉRIDON. — Quatre opérateurs sont assis autour du guéridon, les deux mains étendues sans raideur, la paume de la main frôlant le plateau. Le contact des mains par les pouces et les petits doigts, s'il n'est indispensable, favorise le départ. Au bras droit de chacun est épinglée une petite fiche de papier portant respectivement les nᵒˢ 1, 2, 3, 4.

Au bout de dix à quinze minutes, on entend quelques craquements, puis le guéridon se meut lentement. La personne qui prend la direction de l'expérience pose alors cette question : Voulez-vous répondre par un coup frappé pour « oui », et par deux coups pour « non ». Lorsqu'il a répondu par un coup, priez-le, pour juger de sa souplesse, de faire trois tours sur lui-même de droite à gauche ou inversement.

Seconde demande : « Donnez-nous, en « commençant par le mieux doué, le classe-« ment médiumnique de chaque opérateur. « Si donc le n° 3 est le plus puissant d'entre « nous, vous le désignerez le premier en « frappant d'abord trois coups; si le n° 1 « vient après lui, vous frapperez ensuite « un coup et de même pour les autres dans « l'ordre de puissance médiumnique. »

A partir de ce moment, la conversation peut s'engager; pour ce faire, on priera l'esprit d'épeler chaque lettre par un nombre de coups correspondant à son rang dans l'alphabet : un coup pour *a,* deux pour *b,* trois pour *c,* douze pour *l,* etc... Pour dimi-

nuer la déperdition des fluides, d'autres
médiums appellent successivement les lettres
alphabétiques, et la table frappe un coup à
l'appel de la lettre qu'elle veut indiquer.

EMPLOI DE L'OUI-JA OU PLANCHETTE ET DU
PANIER. — Ces instruments ont sur la table
l'avantage de la rapidité et de la précision.

On étend sur une table la toile alphabétique sur laquelle se place la planchette ou
le panier renversé, la pointe de l'index touchant à peine la ligne des chiffres. Assis
côte à côte devant cette toile, le n° 3 à
droite, le n° 1 à gauche de l'alphabet, le
premier couvre de sa main gauche la moitié
droite de l'oui-jà, la paume de la main
le touchant légèrement; le n° 1 répète le
même geste avec la main droite sur la moitié
gauche de l'appareil.

Après une attente de quinze à vingt minutes, l'index s'avance hésitant.

S'il plaît à l'assistance de mesurer par la
planchette la force médiumnique de chaque
opérateur, les n°s 1, 2, 3 imposeront successivement leur main droite sur l'oui-jà, le n° 3
restant à poste fixe; et on notera pour chacun,

en minutes, le temps écoulé avant la mise en marche. L'action la plus rapide sera évidemment l'effet de la plus puissante médiumnité.

Poursuivant l'expérience, les deux opérateurs 3 et 1 remarquent que la planchette avance lentement, accélère sa vitesse pour décrire des cercles et des ellipses, finit par épeler des phrases inintelligibles. Qu'ils patientent! Ces incohérences proviennent soit de l'inexpérience du visiteur céleste, soit de la nécessité d'un mélange plus intime des fluides.

« *Vous manifestez beaucoup d'impatience,* « DIT UN ESPRIT AU D<sup>r</sup> CHAZARIN, *et vous nous* « *découragez, quand vous dites, comme quel-* « *ques-uns l'ont fait pendant cette dernière* « *séance, que les phénomènes sont bien longs* « *à se produire. Il faut que vous sachiez que* « *nous avons de grandes difficultés à sur-* « *monter et que nous sommes aussi contrariés* « *que vous, quand nous ne pouvons pas* « *réaliser les manifestations que nous voulons* « *vous donner.* » (COMMUNICATION, 25 DÉCEMBRE 1883.)

N'en doutez pas, l'oui-jà parlera. A mon

premier essai, je n'avais pas encore pratiqué
ni vu pratiquer cet appareil. A la sixième
expérience, l'esprit Calmette écrivit lui-même
sur une feuille de grand papier écolier déplié
sous la planchette cette maxime encoura-
geante et spontanée : Aide-toi, le ciel t'aidera.

Ce curieux effet physique s'obtient facilement en adaptant un petit crayon à l'endroit
perforé de l'appareil (T), de telle sorte que
sa pointe dépasse à peine la tête d'épingle
$b$, et n'empêche, par un relèvement exagéré
de l'index $i\ r$, le glissement sur les deux
têtes d'arrière $c, f$ (fig. 3 et 4 du chap. VIII).
J'attire en dernier lieu l'attention des opérateurs sur quelques points de détail qui peuvent s'ajouter aux diverses causes d'influences du chapitre VII.

A. — Les esprits ne se manifestent jamais
dans une réunion trop nombreuse pour être
homogène; le nombre des assistants ne dé-
passera pas huit à dix personnes.

B. — Il ne doit y avoir qu'un seul consultant par séance; l'interrogation se fera à
haute voix; en présence de mots confus, on
invite l'esprit à recommencer.

Fac-similé de l'écriture de l'esprit Calmette obtenue en adaptant un crayon à l'oui-jà.

Le 8 juin 1915, on lui demande d'écrire un proverbe, il donne et signe le proverbe Aide-toi, le ciel t'aidera.

Le 2 juillet suivant, il écrit spontanément après s'être présenté sous le nom de Victor Hugo : Guillaume mourra fou un an (et le Kronprinz, disons-nous ?) pas intéressant intéressant détrôné après guerre.

C. — On doit éviter de poser deux questions à la fois, de terminer à haute voix l'appellation des mots commencés ou de provoquer des réponses se traduisant par « oui » et « non » qui n'ont aucune valeur persuasive.

D. — Les médiums puissants doivent s'abstenir d'actionner habituellement seuls le panier ; ce procédé peut provoquer de la fatigue cérébrale chez l'opérateur et des soupçons de fraude dans l'assistance.

Interprétation des communications. — Tout débutant qui voit pour la première fois la table ou la planchette s'agiter, puis épeler, ne peut se défendre, dans son for intérieur, d'un acte de foi. Gardons-nous bien d'un sentiment de crédulité aussi peu raisonné. La volonté, avons-nous dit, développe des forces fluidiques qu'il est facile de produire. Placez sur la table ou la planchette une carte retournée que personne n'aura vue et demandez à l'appareil le nom de cette carte ; sa réponse sera rarement exacte. Posez la même question, après avoir vu cette carte, il est fort probable que le

même appareil vous la désignera sans hésitation. Voici deux autres faits, beaucoup
plus probants.

En une séance de décembre 1916, où le
commandant N... et moi tenions la planchette, j'invite mon ami à penser un mot,
ma volonté restant inactive. L'appareil
amena le mot « papa » qu'il avait voulu
faire inscrire. Le même essai fut renouvelé,
alors que ma volonté s'opposait à l'épellation
du mot pensé. Il ne parvint pas à formuler
la plus petite syllabe.

Nous ne nous en tenons pas à cette seule
expérience. Mme M... me remplace à la planchette près du commandant. Ils inscrivent
préalablement, à l'insu l'un de l'autre, un nom
propre ou commun sur une fiche de papier
qu'ils me remettent pliée en quatre. L'appareil
marche, épelle le nom propre Pillot, écrit par
Mme M..., sans souci du mot « coffre » contenu dans le pli de son coopérateur.

Cette expérience prend toute son importance dans ce fait qu'au point de vue médiumnique la puissance des fluides de notre
ami s'est constamment affirmée dans le cours

de nos deux années de pratique bien supérieure à toutes nos forces coalisées.

Ne soyons pas dupes de phénomènes animiques ; cherchons plutôt à solliciter par des invitations à haute voix quelques indications caractéristiques de la présence d'un esprit : gestes, faits, nouvelles facilement vérifiables.

Vous verrez alors la table témoigner sa sympathie par de graves saluts, marquer son aversion par une poussée brutale ou traduire ses refus par de nerveuses trépidations. La planchette trahira les hésitations de l'enfant qui apprend à lire, s'arrêtant pour reprendre haleine et finalement satisfait d'avoir franchi l'obstacle. Puis les phrases se succéderont hâtives, conversations à bâtons rompus, peut-être pleines de mystifications et d'erreurs ; mais, si vulgaires que soient les conversations de nos hôtes invisibles, il en sortira nécessairement cette vérité cartésienne :

### S'ils nous trompent, c'est qu'ils existent.

# ÉPILOGUE

L'homme réfléchi ne peut croire le contraire de ce qu'il sait.

Si donc l'âme de l'enfant, où sommeille le jugement, se complaît aux émotions des légendes et des contes, de même que son organisme aux douceurs du régime lacté, on découvre bientôt que sa raison, réveillée de la léthargie du premier âge, exige, comme les muscles de l'adulte, une nourriture solide et substantielle. N'est-ce pas toute la lumineuse pensée du contemporain du Christ, dans son épître aux Corinthiens? « Lorsque « j'étais enfant, dit saint Paul, je parlais « comme un enfant, je raisonnais comme un « enfant; quand je suis devenu homme, j'ai « laissé là les façons de l'enfant. »

C'est pour avoir méconnu cette loi de croissance et d'évolution, qu'insuffisamment défendus par les préceptes d'une morale épurée, les dogmes iraniens, védiques, égyptiens ont fatalement glissé vers la décrépitude. Sous la pression d'une raison chaque siècle plus avertie, l'homme s'est détourné de récits imaginaires victorieusement combattus par l'astronomie, la géologie, la physique, l'épigraphie.

Et voici qu'en ce moment surgit un principe de forces inconnues qui se réclame, d'une part, des sciences expérimentales par l'emprise de l'esprit sur la matière, d'autre part, de la métaphysique par les déductions philosophiques qu'il entraîne; principe scientifique ne s'étayant que sur des faits prouvés et contrôlés, et aussi principe religieux, en parfait accord avec cette sage maxime de tolérance, qu'il y a bien des demeures dans la maison du Père.

Près du berceau du spiritisme, ne respirant qu'amour et pitié, allons-nous heureusement voir la science et la religion, qui n'est à tout prendre que la compréhension de la créature et du créateur, signer leur traité d'alliance? Verrons-nous, au contraire, les religions entraînées à une défaite irré-médiable — *religio depopulata* (18) — commettre la faute lourde et immorale de s'unir au matérialisme pour lui barrer la route! Le Christ a-t-il jamais blasphémé contre la religion juive?

Quoi qu'il advienne, s'il est certain qu'entre des hypothèses et des faits la raison ne peut hésiter, il est non moins vrai que dans cette direction pleine d'ombres nous n'en sommes encore qu'à la première étape; que des générations disparaîtront avant d'avoir pu édifier sur un sol aussi mouvant quelque monument de granit; qu'en émondant nos bibliothèques de tous les messages hétéro-clites dont elles sont envahies, il resterait aujourd'hui peu de chose. Mais, ce peu de chose, ce sont des réactions spirituelles plus impressionnantes que les plus inattendues réactions chimiques; c'est l'assurance que là-bas, à la frontière des deux mondes, nous attendent, les bras ouverts, nos amis dis-parus.

# LEXIQUE

## De l'acception de quelques mots au sens spirite.

**Ame.** — Principe impondérable et immortel de la personnalité, du « Moi ». On y distingue deux éléments : l'esprit et le périsprit.

**Amour.** — Se dit de tout sentiment d'attraction, d'affinité, d'émotion affective.

**Animisme.** — Groupe de tous les phénomènes physiques et intellectuels qu'on peut attribuer au rayonnement des facultés de l'homme vivant.

**Apport.** — Objet tel que fleur, bracelet, pierre, etc., dématérialisé, c'est-à-dire transformé en atomes éthériques par l'esprit, puis introduit à travers murs et portes bien

closes où l'esprit le rematérialise brusquement (**13**.)

**Clairvoyance.** — Etat de lucidité, c'est-
à-dire faculté de découvrir à distance par
la projection de la pensée des faits présents
et passés ou de prévoir l'influence de faits à
venir.

Plutarque, célèbre historien et moraliste
de la Grèce, déclare que les réponses de la
Pythie n'ont jamais été reconnues fausses ou
inexactes.

Voici un fait historique de clairvoyance
rapporté par Comines, chroniqueur de
Louis XI.

A l'instant que le dict (Charles le Téméraire) fut
tué, le roi Louis oyait la messe en l'église Saint-
Martin, à Tours, distant de Nancy de dix grandes
journées, pour le moins. Et à la dite messe lui servait d'aumônier l'archevêque de Vienne, lequel en
baillant la paix au dict seigneur, lui dyct ces paroles : « Sire, Dieu vous donne la paix et le repos ;
« vous les avez, si vous voulez, *quia consummatum*
« *est*. Vostre ennemi, le duc de Bourgogne est mort ;
« il vient d'être tué et son armée desconfite. » Laquelle heure costée fut trouvée estre celle en laquelle
véritablement avait été tué le dit duc.

**Communiquant.** — Esprit répondant aux interrogations de l'expérimentateur.

**Consultant.** — Interrogateur dans les séances.

**Désincarné.** — Ame séparée de son enveloppe corporelle.

**Double ou fantôme.** — Matérialisation de cette essence semi-matérielle servant de liaison entre le corps et l'esprit, qui porte le nom de périsprit. Le dédoublement d'un être vivant ne peut être que partiel; le dédoublement total entraînerait la mort. Le fantôme revêt tous les attributs de la vie : visibilité, respiration, souffle, pensée, parole, émission des fluides odiques, magnétiques, etc., etc. (5, 14),

Un vieux livre hindou dit que l'homme peut se séparer de son corps comme la tige de son écorce.

**Effluve.** — Émanation subtile qui s'échappe du corps humain.

**Entité.** — Être invisible, intelligent.

**Esprit.** — Principe supérieur de la vie;

fluide impondérable, rayon de ce centre de beauté, de bonté et de vérité que toutes les races humaines adorent sous des noms différents. — Ames de ceux qui nous ont précédés dans la mort.

**Être psychique.** — Ensemble de facultés ou de forces inconnues au service de l'âme.

**Extériorisation.** — Phénomènes d'isolement hors du corps, de la volonté, de la pensée, de la sensibilité, amplement démontrés par les expériences du colonel de Rochas.

**Évolution.** — Série de modifications ascendantes par lesquelles passe successivement l'esprit pour atteindre un idéal de perfection à travers des plans superposés de plus en plus élevés.

**Fluide.** — Effluve spécial fourni par le corps humain vivant. Il en est de plusieurs sortes : fluide médiumnique, agent de communication avec les morts; fluide magnétique, faisant dévier la boussole; fluide vital ou odique, s'échappant des doigts, du nez, des yeux, que M. le commandant Darget est parvenu à photographier.

**Hallucination.** — Trouble cérébral des perceptions; erreurs des organes de la vue ou de l'ouïe rapportant au cerveau des visions ou des bruits inexistants. Quand des objets se déplacent, quand un fantôme laisse dans la cire le moulage de sa main, il ne peut s'agir d'hallucination.

L'hallucination ne se comprend pas à l'état collectif, car un groupe d'assistants ne sera pas soumis dans le même temps aux mêmes impressions inexactes.

**Homme.** — Être ternaire composé d'un corps, d'un esprit, d'un périsprit : ces deux derniers éléments constituant l'âme.

« Je me suis aperçu par diverses observa-
« tions, dit Xavier de Maistre, que l'homme
« est composé de l'âme et d'une bête. Ces
« deux êtres sont absolument distincts, mais
« tellement emboîtés l'un dans l'autre ou
« l'un sur l'autre qu'il faut que l'âme ait
« une certaine supériorité sur la bête pour
« être en état d'en faire la distinction. »

**Hystérie.** — Crise du système nerveux se traduisant en actes réflexes ou automatiques. Elle se caractérise par des contractures, rétrécissement visuel, paralysie et anesthésie générales ou partielles.

**Incarné.** — Se dit des vivants par opposition à « désincarné » pour les morts.

**Inconscient** ou **subconscience.** — L'un des deux facteurs du « Moi », partie de la mémoire endormie, indépendante de la conscience, vivant d'une vie propre, recueillant les impressions, sensations qu'elle conserve vivaces dans le renouvellement de notre organisme cellulaire. On lui a donné aussi le nom de personnalité seconde, parce que, s'isolant de la conscience, facteur agissant, il pense, perçoit et peut se mettre en relation avec d'autres subconscients.

**Instinct.** — Germe de ce don divin qui, joint à la raison, s'appelle l'intelligence. En voici un exemple typique pris dans l'*Évolution de la Matière*, de M. Gustave Lebon :

Quand le sphex (petit animal à ailes membraneuses, genre guêpe) a jeté son dévolu sur un

insecte pour fournir la nourriture à ses larves, il lui
fait, avec une précision de chirurgien, une, trois ou
de six à neuf piqûres à des endroits déterminés afin
d'immobiliser sa victime, sans amener la mort.
Notez que le sphex meurt avant l'éclosion de sa
larve ; il n'a donc pu découvrir par expérience la
nécessité de mettre à la portée de sa progéniture un
ver à la fois vivant et immobile.

**Médium.** — Personne douée d'un sens
très développé de communication avec les
esprits.

**Médiumnité.** — Faculté de communiquer
avec les désincarnés. Cette faculté apparaît
fréquemment chez les mourants qui, ne distinguant plus les choses de la terre, perçoi-
vent les réalités de l'invisible et voient leurs
parents.

**Matérialisation humaine.** — Réincarnation éphémère de l'homme désincarné.

**Mort.** — Séparation de l'âme et du corps
par le dégagement, perceptible à certains
voyants, d'une boule lumineuse. C'est la
même condensation de fluide qui précède la
formation des fantômes (ठ). Cette boule, ou
*aura,* a été remarquablement décrite par le

pasteur protestant M. William Stainton Mo-
ses, dont la médiumnité subconsciente était
en lutte continuelle avec l'enseignement
orthodoxe qu'il défendait comme pasteur.
Voici la description de cette transition de
l'esprit qu'il observa au chevet de l'un de ses
proches parents, âgé de quatre-vingts ans.

Grâce à mes sens spirituels, je pouvais discerner
qu'autour de son corps et au-dessus se massait l'aura
nébuleuse avec laquelle l'esprit devait se former un
corps spirituel ; et je percevais qu'elle augmentait à
mesure de volume et de densité, quoique soumise à
des variations continues... selon les oscillations subies dans la vitalité du mourant. Cette aura semblait
donc continuellement en flux et en reflux.

J'assistai à cet identique spectacle pendant douze
jours et douze nuits, et bien que depuis le septième
jour déjà le corps eût donné des signes évidents de
son imminente dissolution, cette merveilleuse fluc-
tuation de la vitalité spirituelle en voie d'extériorisation persistait, toujours égale. Par contre, la colo-
ration de l'aura avait changé ; cette dernière prenait
en outre des formes de plus en plus définies à mesure que l'heure de la libération s'approchait pour
l'esprit.

Vingt-quatre heures seulement avant la mort,
lorsque le corps gisait inerte, les mains croisées sur
la poitrine, le processus de libération progressa sans

reculs... En même temps, on déclara que ce corps était mort. Il pouvait se faire qu'il en fût ainsi ; en effet, le pouls et le cœur ne donnaient pas signe de vie, et le miroir ne se voilait pas sous l'influence de l'haleine ; et pourtant, les cordons magnétiques liaient encore l'esprit au cadavre, et y restèrent durant trente-huit heures.

Je crois que si, pendant cette période, des conditions favorables s'étaient réalisées, ou si une puissante volonté avait agi sur le cadavre, on aurait pu rappeler l'esprit dans le corps.

Lorsque les cordons se brisèrent enfin, les traits du défunt, sur lesquels on lisait les souffrances subies, se rassérénèrent complètement et s'imprégnèrent d'une ineffable expression de paix et de repos.

**Od ou force odique.** — Fluide vital, saisissable par la photographie, conductible à travers les corps, dont la couleur varie avec l'état de santé de l'homme. Collecteur de l'action du système nerveux, agent d'extériorisation de la volonté, de la pensée, de la sensibilité, il est en étroite relation avec la chaleur, la lumière, l'électricité. Tous les corps vivants, cristaux, aimants dégagent de l'od, ainsi qu'en témoignent les expériences de flammes odiques de Sir Varley, célèbre physicien anglais.

**Oui-jà.** — Sorte de planchette mobile montée sur quatre petits pieds roulant sur billes.

**Périsprit ou double.** — Enveloppe semi-matérielle, invisible, impondérable épousant toutes les parties du corps, véritable support de nos facultés de perception qui persiste après la mort et s'épure de plus en plus. Au milieu du renouvellement périodique de notre organisme cellulaire, le périsprit forme une trame impérissable où se soude le travail de réparation.

**Personnalité seconde.** — Voir *inconscient*.

**Psychisme.** — Science de l'action des forces et facultés de l'âme hors de son enveloppe corporelle.

**Raps.** — Coups frappés par les esprits sous les tables, dans les meubles, sur les murs.

**Réincarnation.** — État de l'âme rentrée dans son enveloppe corporelle pour recommencer une nouvelle vie terrestre. Cette croyance spirite de vies successives n'est pas partagée par les esprits anglo-saxons.

## LEXIQUE

**Spiritisme.** — Science des relations entre les vivants et les âmes des morts.

**Subconscient.** — Voir *inconscient*.

**Survie.** — Continuation de la vie de l'âme séparée du corps par la mort.

**Télépathie.** — Étude de faits de transmission de pensées ou d'images à distance. Les faits télépathiques ne se produisent généralement qu'entre personnes parentes ou amies.

**Transe.** — Sorte d'extase produite par l'hypnotisme, le magnétisme ou l'auto-suggestion. Elle aboutit au paroxysme de l'ébranlement du système nerveux, à la passivité et l'anesthésie du corps et à une activité exagérée de la mémoire et de toutes les facultés intellectuelles.

**Voyance.** — Synonyme de clairvoyance : désigne aussi le privilège naturel de voir les esprits dont jouissent certaines personnes à l'état de veille.

———

NANCY, IMPRIMERIE BERGER-LEVRAULT — JUILLET 1917

*En vente chez l'Auteur, 65, rue de Metz, à Nancy,*
*contre mandat, franco, de 3 fr. 50*

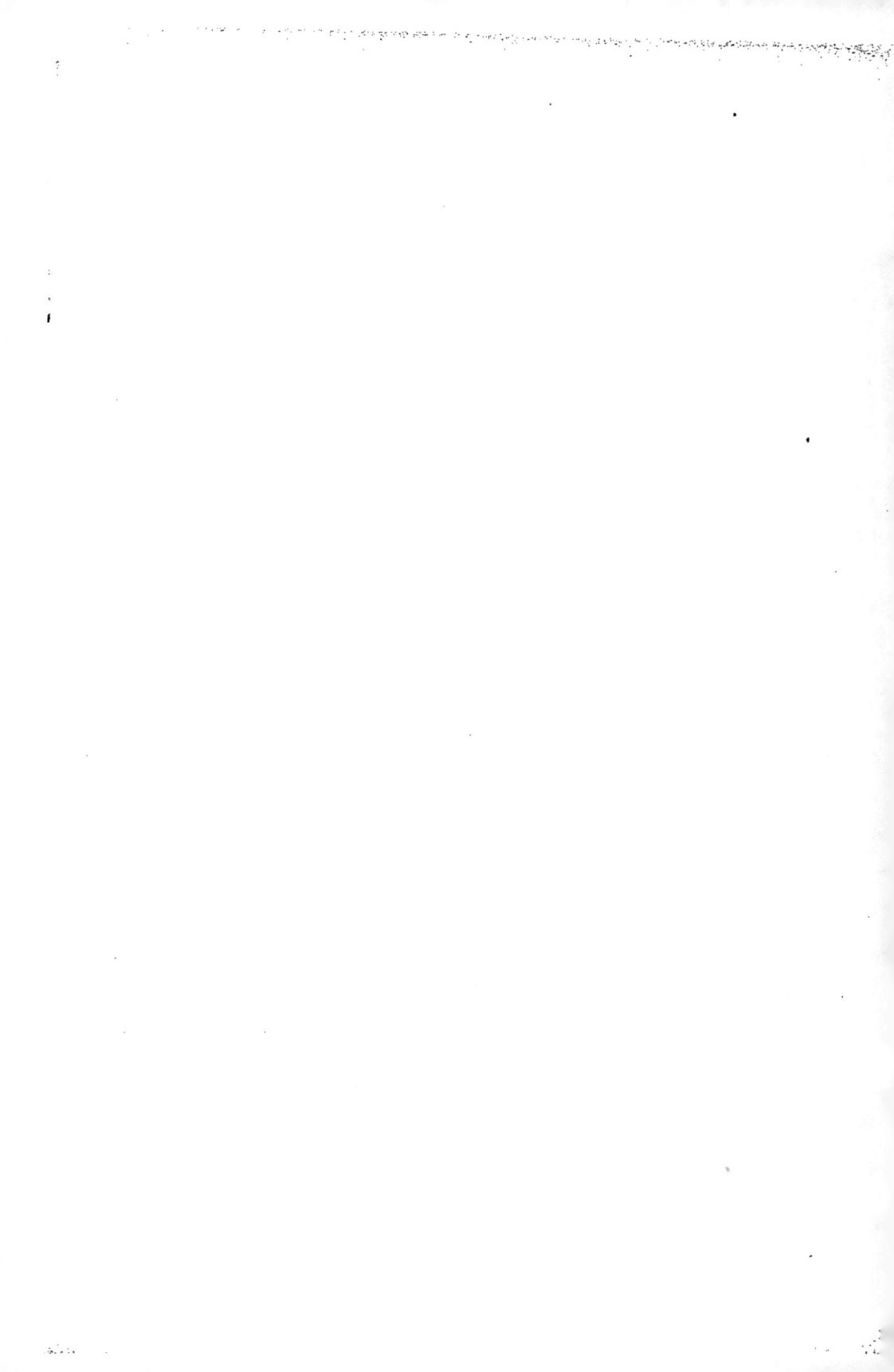

www.ingramcontent.com/pod-product-compliance
Lightning Source LLC
Chambersburg PA
CBHW071936090426
42740CB00011B/1718